काव्य सोपान

काव्य सोपान

सम्पादक

प्रो. (डॉ.) एस.आर. जयश्री

काव्य सोपान

सम्पादक
प्रो. (डॉ.) एस.आर. जयश्री

वाणी प्रकाशन

वाणी प्रकाशन

4695, 21-ए, दरियागंज, नयी दिल्ली 110 002

फ़ोन : +91 11 23273167 फ़ैक्स : +91 11 23275710

शाखाएँ

अशोक राजपथ, पटना 800 004, बिहार

कॉफ़ी हाउस कैम्पस, महात्मा गांधी मार्ग, इलाहाबाद 211 001, उत्तर प्रदेश

महात्मा गांधी अन्तरराष्ट्रीय हिन्दी विश्वविद्यालय, वर्धा 442 001, महाराष्ट्र

36/ए, शेक्सपीयर सरणी, रानी बिरला गर्ल्स कॉलेज के पास, कोलकाता 700 017, प. बंगाल

www.vaniprakashan.com
marketing@vaniprakashan.in
sales@vaniprakashan.in

Kavya Sopan
Edited by Prof. (Dr.) S.R. Jaishree

ISBN : 978-93-5518-505-1

मूल्य : ₹ 95

आर. टेक ऑफ़सेट प्रिंटर्स, दिल्ली-110 032 में मुद्रित

वाणी प्रकाशन का लोगो मक़बूल फ़िदा हुसेन की कूची से

अनुक्रम

अरुण कमल 9

समकालीन हिन्दी कविता : भूलने के विरुद्ध एक हिदायत

एस.आर. जयश्री 15

नयी कविता का नयापन

सच्चिदानन्द हीरानन्द वात्स्यायन 'अज्ञेय' 21

कलगी बाजरे की

कितनी नावों में कितनी बार

असाध्य वीणा

गजानन माधव मुक्तिबोध 39

ब्रह्मराक्षस

धर्मवीर भारती 48

कविता की मौत

भवानी प्रसाद मिश्र 54

गीत-फरोश

सर्वेश्वर दयाल सक्सेना 59

मैंने कब कहा

रघुवीर सहाय 63

स्वाधीन व्यक्ति

धूमिल 67

मोचीराम

केदारनाथ सिंह 74

अकाल में सारस

लीलाधर जगूड़ी 79

विज्ञापन सुन्दरी

अरुण कमल 84

मुक्ति

अनामिका 89

बेजगह

मदन कश्यप 93

भूख का कोरस

राजेश जोशी 96

नेपथ्य में हँसी

कात्यायनी 99

किरणों के बीच भूमिगत

मंगलेश डबराल 106

पहाड़ पर लालटेन

कुमार अम्बुज 110

बहुरूपिया

पवन करण 114

गुल्लक

सम्पादकीय

हिन्दी कविता का इतिहास काफी समृद्ध है। कविता में इतनी शक्ति और क्षमता है कि वह हरेक युग के सामाजिक और सांस्कृतिक परिवर्तनों को आत्मसात करती है। प्रयोगवाद और नयी कविता में नये भावबोध की अभिव्यक्ति हुई थी। प्रस्तुत समय की कविता के कथ्य एवं शिल्प में ये नयेपन परिलक्षित हैं। आगे के समय की हिन्दी कविता को नयी दिशा और दशा प्रदान करने में ये नयेपन और भावबोध की भूमिका महत्त्वपूर्ण है। यह ऐसा समय है, जिसमें विश्वभर में होने वाले परिवर्तनों की, दुनियाभर की तमाम भाषा और साहित्य में प्रतिध्वनि हुई थी। हिन्दी भाषा और कविता समय सापेक्ष हैं। विद्रोह, संघर्ष और प्रतिरोध इसका अभिन्न अंग बन गया है।

यह पुस्तक केरल विश्वविद्यालय के स्नातकोत्तर पाठ्यक्रम को ध्यान में रखकर चयनित है। इसमें प्रयोगवाद से समकालीन तक के प्रतिनिधि कवियों की कविताएँ तथा वरिष्ठ कवि प्रोफ़ेसर अरुण कमल का प्रौढ़ आलेख भी समाहित है। आशा करती हूँ कि यह किताब स्नातकोत्तर छात्रों को प्रयोगवाद और समकालीन कविता की अवधारणा एवं स्वरूप से अवगत कराने में सहायक सिद्ध होगी।

प्रो. (डॉ.) एस. आर. जयश्री

अध्यक्ष, हिन्दी विभाग

केरल विश्वविद्यालय

तिरुवनन्तपुरम्

समकालीन हिन्दी कविता : भूलने के विरुद्ध एक हिदायत

सम्पूर्ण काव्य-परम्परा में समकालीन हिन्दी कविता लगभग वैसे ही है, जैसे सौर-मण्डल में पृथ्वी। इस विराट् काव्य-ब्रह्माण्ड में समकालीन हिन्दी कविता एक कण मात्र ही तो है। इसी के साथ यह भी कहना ज़रूरी है कि यह कविता हमारी पृथ्वी की तरह ही जीवन से भरी-पूरी है। सौर-मण्डल चाहे जितना भी द्युतिमान, रहस्यपूर्ण और भव्य हो, उसकी तुलना में पृथ्वी का जीवन-लोक कम महत्त्वपूर्ण नहीं। महान् कविता लिखी गयी, महान् कवि हुए, लेकिन वे कल के जीवन के प्रतिनिधि हैं, जिनका स्वर आज भी हमें टेरता है। जबकि समकालीन हिन्दी कविता अभी के जीवन की कविता है, अभी के जीवन का एकमात्र साक्षी, अभी के जीवन के सुख-दुख का सहभागी, हर जन्म, हर उत्सव, हर मृत्यु में निरन्तर शरीक। यह स्थान और भूमिका पीछे की महानतम् कविता के लिए भी आज न तो पूर्णत: सम्भव है न वांछनीय है। इसके साथ ही यह भी जोड़ना ज़रूरी है कि पृथ्वी की तरह ही समकालीन हिन्दी कविता की भी दो गतियाँ हैं—एक तो दैनिक, संक्षिप्त गति जिससे दिन-रात का भान होता है और दूसरी व्यापक, वार्षिक गति। जब कभी हम केवल दैनिक गति को ही याद करते हैं तब लगता है कि 'लोग भूल गये हैं', अर्थात् तब लगता है कि यह कविता केवल तात्कालिक, तुरन्ता या आशु प्रसंगों में उलझ-पुलझ कर रह गयी है। इसका कोई व्यापक, बृहत्तर सन्दर्भ या चिन्ता नहीं है। जब कभी हम पृथ्वी की केवल वार्षिक गति को ही ध्यान में रखेंगे तो उसके उस अनवरत अनथक घूर्ण को ओझल कर रहे होंगे, जिसके बिना स्वयं वार्षिक गति भी सम्भव नहीं, न ही पृथ्वी का ब्रह्माण्ड में टिके रह पाना क्योंकि उस दैनिक गति के बिना वह ब्रह्माण्ड में स्थिर रह ही नहीं सकती। यहाँ स्थिर बने रहने के लिए भी गति अपरिहार्य है। इसी तरह समकालीन वही हैं जो

दिन-प्रतिदिन के क्षणभंगुर, क्षुद्र जीवन का संवाहक हो, जो मनुष्य के उठने-बैठने, जीने-मरने, सुख-दु:ख, संघर्ष, गन्दगी, नीचता और मर्त्य का साक्षी हो। हर काल में, हर कविता ने यह किया है, अन्यथा वह अपना भार भी सँभाल नहीं सकती। आज की हिन्दी कविता भी यह कर रही है। समकालीन कविता से मेरा आशय केवल उसी कविता से है जो आज के, अभी के जीवन के बारे में है। अभी लिखी जाकर भी अगर कोई कविता तथाकथित शाश्वत प्रश्नों तक ही संकीर्ण है और वह मिट्टी पर भी मोज़े पहनकर चल रही है तो वह समकालीन कहलाने की न्यूनतम अर्हता से वंचित हो जाती है। इस ख़याल से पिछले पचीस साल की हिन्दी कविता को हम देखें तो पायेंगे कि यह कविता अभी के जीवन-रण में जूझती-कटती-मरती रही है।

समकालीन हिन्दी कविता समकालीन इसलिए बन सकी कि उसने दैनन्दिन जीवन-प्रसंगों और उन लोगों के जीवन के बारे में लिखा जो साधारण लोग हैं, शासन-सत्ता और पैसे से वंचित, जिनकी जीवित रह पाना ही सबसे बड़ी चिन्ता है और जो लगातार मरने से बचने के लिए संघर्ष कर रहे हैं। यह महाकाव्य या श्रेष्ठ काव्य का विषय भले न लगे, लेकिन समकालीन हिन्दी कविता ने इसी को अपना आश्रय बनाया। राजेश जोशी की कविता के बिजली सुधारने वाले मज़दूर, उदय प्रकाश के कारीगर, असद ज़ैदी की बहनें, विष्णु नागर के थके-माँदे लोग, मंगलेश डबराल के लकड़हारे, वीरेन डंगवाल का रामसिंह, भगवत रावत के निम्न-मध्यम-वर्गीय परिवार, प्रभात त्रिपाठी के गिट्टी तोड़ने वाले मज़दूर, चन्द्रकान्त देवताले की स्त्रियाँ जो जाने कब से गर्म पत्थर पर अपनी एड़ियाँ घिस रही हैं और विष्णु खरे का वह परिवार जो टैम्पू से घर बदल रहा है या अशोक वाजपेयी का वह मुहल्ला जहाँ हर घर दुकान बनने की होड़ में है—ये सब उसी क्षुद्र जीवन की छवियाँ हैं। समकालीन हिन्दी कविता ने इसी जीवन का सन्धान किया है, जो सम्पूर्ण हिन्दी काव्य-परम्परा में अभूतपूर्व है। नागार्जुन, त्रिलोचन, केदार के अलावा रघुवीर सहाय, भवानीप्रसाद मिश्र और 'दिनकर' भी यह करते रहे हैं। निराला के 'नये पत्ते' ने जो रास्ता चौड़ा किया, उस पर पहले श्री मुकुटधर पाण्डे और भारतेन्दु चल चुके थे। लेकिन सन् अस्सी तक आते-आते हिन्दी कविता का मूल कार्य इसी दैनन्दिन जीवन के कोने-अँतरों, अब तक अगोचर रहे क्षेत्रों की खोज हो गया। विजय कुमार मुम्बई की बस्तियों और सड़कों पर जीवन गुजारने वालों तक गये, राजेन्द्र शर्मा ने ऑफिस में काम करने वाली स्त्रियों को स्थान दिया, कुमार अम्बुज ने अपने समय की क्रूरता के शिकार

लोगों का जीवन रचा, विनय दुबे ने 'नारायणपुर की कथा' कही और जितेन्द्र कुमार ने इस्पात नगरी की तथा लीलाधर जगूड़ी ने 'परिवारवाही' श्रमिक की। इसी जीवन का सन्धान करते एकान्त श्रीवास्तव और अष्टभुजा शुक्ल तथा हरिश्चन्द्र पाण्डे और प्रेमशंकर शुक्ल सरीखे कवि गाँवों में गये, वहाँ के जीवन को एकत्र किया और ऐसी कविता की सृष्टि की जो पन्त की 'ग्राम्या' की याद दिलाती है। नवल शुक्ल ने उन फूलों की याद दिलायी जो आज तक हिन्दी कविता से बाहर रहे। और विनोद कुमार शुक्ल ने रायपुर सम्भाग के माध्यम से उस सम्पूर्ण जीवन-सम्भाग का चित्रण किया जो प्राय: अनाहूत रह जाता है। लीलाधर मण्डलोई ने खदानों में काम करने वालों को सम्मान दिया और मोहन डहेरिया तथा बद्री नारायण ने समाज के हाशिये को। कहने का मतलब यह है कि समकालीन हिन्दी कविता ने जीवन की चौहद्दी को बहुत व्यापक किया। उसने उस मनुष्य से प्रेम किया जो मनुष्य बने रहने के लिए, जो एक-एक साँस अर्जित करने के लिए संघर्ष कर रहा है। और इसीलिए यह कविता राजनीतिक रूप से भी उस मनुष्य के पक्ष में खड़ी हुई। यह प्रतिपक्ष की कविता है। सत्ता, हर प्रकार की सत्ता के निषेध और उसके विरुद्ध जोर से 'ना' कहने की कविता है। यही करण है कि विश्व के पैमाने पर सोवियत संघ और समाजवादी संकुल के पतन के बाद भी यह कविता उसी त्वरा और दृढ़ता से 'ना' कहती रही क्योंकि इसकी जड़ें किसी ऊपरी व्यावहारिक राजनीति में नहीं, वरन् जीवन में जमी हैं, यह कविता जीवन का ही वृक्ष है। अगर हम थोड़ा गौर करें तो पायेंगे कि पिछले चालीस वर्षों में हिन्दी क्षेत्र में जो भी अन्याय हुआ, यह कविता उसके विरोध में खड़ी रही और जो भी संघर्ष हुए उसके पक्ष में। गुजरात के नरसंहार पर हिन्दी कविता ने जिस करुणा, क्रोध और आर्त्तनाद को व्यक्त किया; वह वाल्मीकि और भवभूति से चली आ रही महान् भारतीय काव्य-परम्परा का ही प्रसार है। भक्ति-आन्दोलन और स्वाधीनता-आन्दोलन के बाद सम्भवत: पहली बार किसी एक ही विषय पर इतनी कविताएँ, एक साथ लिखी गयीं, जो असद ज़ैदी द्वारा सम्पादित दो खण्डों में संकलित हुईं। साथ ही काश्मीर की हिंसा और पलायन पर अग्निशेखर, महाराज कृष्ण सन्तोषी ने; आदिवासी विस्थापन पर, विनय सौरभ, मोहन डेहरिया और हरिओम राजौरिया ने; विकास की हिंसा में लुप्त हो रहे पदार्थों के बारे में, ज्ञानेन्द्रपति, मलय और ओम भारती ने लिखा। तात्पर्य यह कि हिन्दी कविता बिना किसी दुविधा के सत्ता विरोध में खड़ी रही। यह सत्ता राजनीतिक भी है, सामाजिक और सांस्कृतिक भी।

पवन करण, संजय चतुर्वेदी, (खतना वाली कविता) अब्दुल बिस्मिल्ला और कात्यायनी, सविता सिंह, अनामिका तथा नीलेश रघुवंशी या प्रज्ञा रावत तथा सविता भार्गव की कविताएँ उसी सामाजिक सत्ता को, जो कई बार पितृसत्तात्मक भी है, चुनौती देती हैं। जिस तरह के अनुभव और प्रसंग इन कवियों की कविता में आ रहे हैं, वे पहले दुर्लभ थे, साथ ही जो प्रतिरोध प्रगट हो रहा है, वह भी पहले असम्भव था। इसी के साथ एक महत्त्वपूर्ण घटना है स्त्रियों तथा समाज के वंचित वर्गों से बड़ी संख्या में कवियों का आगमन। ऐसा कहते हुए मैं इस बात को भूल नहीं रहा कि कविता जाति-धर्म-लिंग से निर्धारित नहीं होती, फिर भी यह कहना ज़रूरी है कि भक्ति आन्दोलन के बाद पहली बार स्त्री तथा वंचित श्रेणियों से कवि इतनी बड़ी संख्या में हिन्दी में आ रहे हैं। जीवन इतना व्यापक, जीवन का पाट इतना चौड़ा, पहले कभी नहीं था।

समकालीन हिन्दी कविता ने मनुष्य के आन्तरिक जगत को भी नये-नये कोणों से अंकित किया। शमशेर और अज्ञेय ने, बच्चन और सियारामशरण गुप्त ने जो गवाक्ष खोले थे, वे बन्द नहीं हुए। जैसे-जैसे ये समकालीन कवि प्रौढ़ होते गये वैसे-वैसे वे मनुष्य के आभ्यन्तर की ओर उन्मुख हुए। केदारनाथ सिंह और कुँवरनारायण ऐसे कवि हैं, जहाँ बाह्य और आभ्यन्तर का कोई विभाजन कभी नहीं रहा। और ये हमारे शिखर कवि भी हैं। लेकिन अशोक वाजपेयी, आग्नेय, मंगलेश डबराल, विमलकुमार, उदयन वाजपेयी और पंकज सिंह तथा नीलाभ की कविता भी मुनष्य के आभ्यन्तर को व्यक्त करती है। स्त्री-पुरुष सम्बन्धों की जैसी कविताएँ जिन विविध कोणों दृष्टियों से लिखी गयीं, जिस उन्मुक्तता तथा ऐन्द्रिक गहनता से लिखी गयीं, वे सहज ही निराला और बिहारी तथा घनानन्द की याद दिलाती हैं। पहले की कविता में इतने प्रसंग, इतने सूक्ष्म ब्यौरे, विवरण, तफ़सीलें नहीं थीं। यह एक बहुत बड़ा अन्तर है। जैसा कि एक विदेशी कहावत है, ईश्वर तफ़सीलों में वास करता है, तो कविता भी तफ़सीलों में वास करती है। आज की कविता में मानव-मन की भी अनेक तफ़सीलें हैं। मानव-सम्बन्धों की इतनी बड़ी वीथिका पहले कम ही मिलती है। चाहे राजेश जोशी की पीठ खुजलाने वाली कविता हो या विष्णु खरे की पत्नियों के बारे में या आलोक धन्वा की ब्रूनों की बेटियाँ या नरेन्द्र जैन के सन्तप्त परिवार या विश्वनाथ प्रसाद तिवारी की माँ की अन्त्येष्टि पर लिखी गयी मार्मिक कविता—समकालीन कविता ने जीवन के अनेक पक्षों को अपने में समेटने की कोशिश की।

एक बात जो अक्सर कही जाती है वह यह कि यह कविता स्मृतिहीनता की कविता है, निपट तात्कालिकता की कविता है, या यहाँ लय का लोप हो चुका है। अगर हम सम्पूर्ण काव्य-परिदृश्य को ध्यान में रखें तो पायेंगे कि ऐसा नहीं है। अगर हम एक-एक कविता को ध्यान से पढ़ें तो पायेंगे कि पूर्व निर्धारित यहाँ कुछ भी नहीं है। रमेशचन्द्र शाह और धुव शुक्ल तथा अष्टभुजा और दिनेश कुमार शुक्ल और संजय चतुर्वेदी तथा वीरेन डंगवाल भी तो अभी ही लिख रहे हैं, जिन्होंने अनेक छन्दों-लयों का समायोजन किया है। ऋतुराज और विजेन्द्र की कविता अपने पूर्वजों की निरन्तर याद दिलाने वाली कविता है। यहाँ हम केदारनाथ सिंह को छोड़ रहे हैं, जिनकी कविता स्मृतियों का पुंज है, जो अपने पूर्वजों की निरन्तर याद दिलाती है। यहाँ तो हम बिल्कुल नये कवि कुमार वीरेन्द्र और अनिमेष तथा सविता सिंह की बात कर रहे हैं, जिनकी कविता भूलने से नहीं, बल्कि याद करने से उपजी है। यहीं पर यह भी जोड़ना ज़रूरी है कि समकालीन हिन्दी कविता का काम केवल थोड़े से शब्दों से नहीं चलता। उसने अधिकाधिक शब्द-सम्पदा का व्यय किया है, कई बार अपव्यय भी। इतने नये शब्द आये हैं, इतनी नयी वस्तुएँ आयी हैं। पहले जो रूढ़ियाँ थीं, वो अब नहीं हैं। आज कोई बीज-शब्द भी नहीं है, न कुछ चिह्नित मुहावरे। इसलिए भी इतिहासकार को इस पूरे कालखण्ड की कविता के नामकरण में कठिनाई होती है। यह कविता इतनी पसरी हुई है, इतनी अनगढ़ और आकार-मुक्त कि इसे किसी आन्दोलन या धारा का नाम दे पाना कठिन है। एक आरोप यह भी लगता है कि यह कविता समझ में नहीं आती। ऐसा आरोप अक्सर वे लगाते हैं, जो स्वयं को लोकप्रिय समझते हैं। 'तेरे नैनों के बादल में मेरा हृदय चन्दा है' का क्या अर्थ, मैं आज तक समझ नहीं सका। लेकिन अभी की हिन्दी कविता अपनी सादगी के कारण बहुत आसान हो गयी है, कभी-कभी तो इतना आसान जितना कविता को नहीं होना चाहिए। इसलिए आज हिन्दी कविता के पाठक पहले से कहीं अधिक हैं। यह ठीक है कि पचास करोड़ के समाज में सौ-हजार की क्या गिनती। फिर भी पहले की तुलना में आज की कविता के पाठक बढ़े हैं, लोगों की रुचि बढ़ी है। समकालीन कविता ने खोया हुआ पाठक-वर्ग फिर से प्राप्त करने में कुछ सफलता ज़रूर पायी है। क्योंकि उसने साधारण लोगों की बात साधारण लोगों की भाषा में कही।

लेकिन इतना पर्याप्त नहीं है। पृथ्वी की जो दूसरी, व्यापक और महत्तर गति है, उसके बिना पृथ्वी केवल एक लट्टू बन कर रह जायेगी। कविता के सन्दर्भ में इस महत्तर गति का अर्थ है वह व्यापकता, सार्वभौमिकता और संश्लिष्टता हासिल करना, जिसके बिना श्रेष्ठ कविता सम्भव नहीं होती। जिसके बिना आज की कविता

केवल आज की ही होकर रह जाती है। निराला, प्रसाद, पन्त, मुक्तिबोध, शमशेर, अज्ञेय और नागार्जुन जैसे कवि इसी महत्तर गति के कारण याद किये जाते हैं। निराला ने अपने समय की समकालीन कविता पर लिखते हुए कहा था कि अगर ये दीप समय की धारा में दूर तक नहीं जा पाये तो इसका कारण यह है कि इनमें 'घृत का अभाव' था। समकालीन हिन्दी कविता निरन्तर विकसित हो रही है, इसके कुछ कवि स्वयं को परिमार्जित, संशोधित कर रहे हैं। आशा है कि घृत का अभाव नहीं होगा। इस छोटे से लेख का अन्त मैं केदारनाथ सिंह की एक सद्य: प्रकाशित कविता से कर रहा हूँ :

मुझे कहीं जाना था
मँगा लिया था टिकट
बँध चुका था सामान
कि सहसा याद आया
अभी कितने तो कार्य हैं
काम के भीतर से
पनखियों की तरह निकलने लगे काम।

समकालीन हिन्दी कविता को भी करने है। 'अभी कितने तो काम' कामों का अन्त नहीं। लेकिन

इस अन्त के मामले में
अनन्त का दखल
मुझे कतई मंजूर नहीं।

अरुण कमल

नयी कविता का नयापन

हिन्दी साहित्य में आधुनिकता का उदय नवजागरण और स्वतन्त्रता आन्दोलन से हुआ है। आज हिन्दी कविता की विकास यात्रा विभिन्न पड़ावों से गुजर कर समकालीन कविता तक पहुँच गयी है। भारतेन्दु युग आधुनिक हिन्दी कविता का पहला कालखण्ड है और वह रीतिकालीन सामन्ती मनोवृत्ति तथा साम्राज्यवादी शक्तियों के खिलाफ का युग था। द्विवेदी युग में राष्ट्रीय जागरण, समाज सुधार, स्वच्छन्दता, उपेक्षित स्त्री जीवन, मानवतावाद तथा ऐतिहासिक और पौराणिक विषयों की मुखरता थी। छायावाद आधुनिक हिन्दी साहित्य का सबसे सर्जनात्मक युग था। साम्राज्यवाद का विरोध और राष्ट्रीय-सांस्कृतिक जागरण का स्वर छायावादी युग का सबसे सर्जनात्मक पक्ष था। प्रगतिवादी कविता सामाजिक, आर्थिक, राजनीतिक असमानता तथा शोषण का विरोध करने वाली कविता थी। हर युग के साहित्य में 'प्रयोग' निरन्तर होता रहा है। इसके द्वारा साहित्य की सौन्दर्यात्मकता आगे बढ़ती रही। अज्ञेय ने प्रयोग को रचनाकार के लिए अनिवार्य प्रवृत्ति कही है। उन्होंने प्रयोग की दो दिशाओं की ओर संकेत किया, भाषा प्रयोग और अनुभूतिपरक प्रयोग। इन दोनों प्रयोगों में व्यक्ति की अनुभूति को समष्टि तक पहुँचाने का प्रयास देख सकते हैं। अज्ञेय ने इस प्रयोगवाद को रचना से जोड़कर रचनाकार की अनिवार्यता के रूप में प्रतिष्ठित किया और 1943 ई. में उनके सम्पादकत्व में तार सप्तक का प्रकाशन हुआ, इसके साथ हिन्दी कविता में प्रयोगवाद का नया आन्दोलन चला। इसमें संकलित कवियों को 'राहों के अन्वेषी' कहा गया। इसमें सात कवियों को शामिल किया गया। अधिकांश कवि प्रतिबद्ध मार्क्सवादी थे। ये कवि एक ही सम्प्रदाय के नहीं रहे। तार सप्तक की भूमिका में अज्ञेय ने भाषा और सम्प्रेषण के नये प्रयोगों पर बल दिया। 1952 में दूसरा सप्तक प्रकाशित हुआ। तार सप्तक की भूमिका में प्रयोग शब्द का बार-बार प्रयोग किया तो दूसरे सप्तक की भूमिका में वादी होने से बार-बार इनकार किया। प्रयोग को साध्य न कहकर साधन कहा। तार सप्तक के तीन वर्ग के कवि थे—जैसे समाजवादी यथार्थ के कवि,

व्यक्ति विद्रोह और अहमवादी प्रवृत्ति के कवि और मध्यवर्गीय चेतना के कवि। दूसरे सप्तक के कवियों में गहन उत्साह की झंकार और गहन दृष्टि दिखाई दी। अज्ञेय के शब्दों में प्रयोग के लिए प्रयोग इनमें से किसी ने नहीं किया, पर नयी समस्याओं और नये दायित्व का अनुभव इन लोगों ने दिया और उनसे प्रेरणा सभी को मिली है। इन्हीं प्रयोगवादी रचनाओं ने ही नयी कविता के लिए भावभूमि तैयार की थी।

प्रयोगवादी कवियों ने आदर्श के स्थान पर यथार्थ को अपनी कविता का विषय बनाया। आधुनिक भौतिक चेतना तथा यथार्थ को अपना विषय बनाते हुए प्रयोगवादी ने स्पष्ट रूप से पहले खुद का गुणगान किया। ऊँचीवादी व्यवस्था के प्रति रोष प्रकट किया, मध्य वर्ग के प्रति सहानुभूति प्रकट की। प्रेम का चित्रण इसमें स्वाभाविक रूप में किया गया है। पौराणिक कथानक को युगानुसार नवीन वातावरण में प्रस्तुत किया और उनमें नयी अर्थ ध्वनियाँ दीं। धर्मवीर भारती के 'अन्धायुग' और 'कनुप्रिया', कुँवर नारायण के 'चक्रव्यूह', 'आत्मजयी', नरेश मेहता के 'महाप्रस्थान' और 'संशय की एक रात' आदि उदाहरण हैं। कला और शिल्प का नया प्रयोग प्रयोगवाद का लक्ष्य रहा है। शब्दों के माध्यम से नवीन अर्थों की सृष्टि हुई। कम-से-कम शब्दों में अधिक-से-अधिक अर्थ भरने का प्रयास किया गया। शिल्प पक्ष को अधिक महत्त्व देने के लिए प्रतीकों और बिम्बों को जीवन के विभिन्न परिदृश्य से चुन लिया गया।

इसी बीच 1953 में नकेन वाद नामक एक काव्यधारा निकली जो प्रयोगवाद की ही एक शाखा थी, पर प्रयोगवाद के विरोध में निकली थी। नलिन विलोचन शर्मा, केसरीकुमार और नरेश इसके प्रवर्तक थे। तीनों कवियों के नामों के प्रथम अक्षर को लेकर इसे 'नकेन' वाद नाम दिया गया। इसका एक दूसरा नाम भी है प्रपद्यवाद। 'आधुनिक साहित्य की प्रवृत्तियाँ' नामक पुस्तक में नामवर सिंह लिखते हैं, "प्रयोगवाद का एक दूसरा पहलू बिहार के नलिन विलोचन शर्मा, केसरीकुमार और नरेश नकेनवादी प्रपद्यों द्वारा आया जो अपनी समझ से अज्ञेय का और प्रयोगवाद का विरोध करते हुए भी वस्तुतः उसी की एक शाखा है।"

प्रयोगवाद और नयी कविता को पूरी तरह से अलग कर पाना सम्भव नहीं है। प्रयोगवाद के कवियों ने ही अपनी विशिष्ट शैली को नयी कविता का नाम दिया था। प्रयोगवाद के प्रवर्तक अज्ञेय ने इसका समर्थन भी किया। रामविलास शर्मा ने 'नयी कविता और अस्तित्ववाद की भूमिका' में लिखा है, "नयी कविता से अनेक प्रकार की कविता का बोध होता है। किसी समय मार्क्सवाद से प्रभावित प्रगतिशील कविता को नयी कविता कहा जाता था। प्रगतिशील कविता धारा के बाद प्रयोगवादी कविता का बोलबाला रहा। इसे अधिकतर प्रयोगवादी भी कहा जाता था।

नयी कविता प्रयोगवाद से भिन्न होकर एक रूढ़ अर्थ में जब प्रयुक्त होने लगी, तब 1954 में इलाहाबाद से 'नयी कविता' नामक संकलन प्रकाशित होने लगा। प्रारम्भ में यह नयी कविता वाले प्रयोग से अपना सम्बन्ध जोड़ते थे। किन्तु प्रयोगवाद पर अपना एकाधिकार था। अज्ञेय से प्रयोगवाद के आचार्यों की भड़क हुई। तब नयी कविता की धारा प्रयोगवाद से हटकर अलग प्रवाहित होने लगी। यह नयी धारा बहुत कुछ अस्तित्ववाद से प्रभावित थी। इसी से आगे चलकर वह धारा भी फूटी जो किसी भी जीवन मूल्य को स्वीकार न करती थी।'' मतलब है कि प्रयोगवाद का विकसित रूप है नयी कविता। लेकिन इसका क्षेत्र बहुत व्यापक है। यह सम्पूर्ण जीवन की कविता है। कवि के लिए अनुभव ही महत्त्वपूर्ण है। जीवन के दुख और अभावों का वास्तविक अंकन है नयी कविता। प्रयोग के लिए प्रयोग करने की प्रवृत्ति इसमें नहीं है। यह मानव जीवन की सामान्य से दिखने वाली घटना को अर्थवान बना देती है यानी मानव जीवन की अनुभूतियों की अभिव्यक्ति का रचनात्मक उपक्रम है नयी कविता। जीवन मूल्य सम्बन्धी इसकी धारणाएँ आधुनिकता से विकसित हुई थीं। नयी कविता सामाजिक चेतना और वैयक्तिक चेतना को अलग नहीं मानती है। प्रयोगवाद के कवि लक्ष्मीकान्त वर्मा ने लिखा है, "नये कवि के नयेपन में ऐतिहासिक, वैयक्तिक, सामाजिक और आत्मव्यंजक सत्य के वे आयाम और धरातल विकसित हुए हैं जो परम्परा से भिन्न होते हुए भी कभी सार्थक एवं समर्थ रूप में नयी अभिव्यंजना को अवतरित करते हैं।''

प्रयोगवाद और नयी कविता—इन दोनों धाराओं में अनेक कवि जुड़े हुए हैं। इन कवियों की रचनाओं में कौन-सी कविता प्रयोगवादी है? कौन-सी रचना नयी कविता की है? इसका निर्णय कर पाना कठिन है। कुछ तत्त्व ऐसे हैं जो दोनों रचनाओं में पाये जाते हैं। सभी कवियों के भाव बोध और अभिव्यंजना शैली में फ़र्क़ भी है। स्वतन्त्रता के बाद मोहभंग का दौर था, समाज में समस्याएँ और सीमाएँ पैदा हुई थीं। विसंगतियाँ स्पष्ट हो चुकी थीं। मध्यवर्ग के बीच उभरे असन्तोष ने अराजकता पैदा की। साहित्य में यह अराजकतावाद विद्रोह के रूप में प्रकट हुआ। सामाजिक और राजनीतिक जीवन की विसंगतियों का प्रतिरोध करना कवि का दायित्व बन गया। कविता में प्रतिरोध का सामाजिक जनवादी स्वर मुखरित हुआ। फलस्वरूप प्रयोगवाद से भिन्न होकर नयी कविता का भावपक्ष बहुत विस्तृत हो गया। कवियों ने इन जीवन सन्दर्भों को नयी भाषा, नये बिम्ब, नये प्रतीक, नये छन्द, नये उपमानों से अपने भावबोध के अनुरूप निखारा और नयी अर्थ भंगिमा प्रदान की। प्रयोगवाद के कवि

गिरिजाकुमार माथुर ने लिखा है, "यह नयी कविता शिल्प और उपमानों के प्रयोग के साथ समाज और मानवता को एक साथ अँजुली में भरे भविष्य की ओर अग्रसर कर रही है।" इन कवियों में अज्ञेय, गिरिजाकुमार माथुर, मुक्तिबोध, प्रभाकर माचवे, शमशेर बहादुर सिंह, भवानीप्रसाद मिश्र, नरेश मेहता, धर्मवीर भारती, हरिनारायण व्यास, रघुवीर सहाय, केदारनाथ सिंह, कुँवर नारायण, वीरेन्द्र कुमार जैन, सर्वेश्वर दयाल सक्सेना, दुष्यन्त कुमार आदि उल्लेखनीय हैं।

प्रयोगवाद की कविता द्वन्द्व, संघर्ष, प्रतिक्रिया और क्रान्ति की कविता है। लेकिन उस क्रान्ति में सही दिशा का निर्धारण नहीं हुआ है। नयी कविता संश्लेषणात्मक है और उसमें सामंजस्य की भावना है, क्रान्ति परिवेशगत है, उसमें सही दिशा है। सत्य के प्रति गहरी अनुभूति नयी कविता में सशक्त है।

सर्वेश्वर दयाल सक्सेना की 'मैंने कब कहा' कविता में सत्य के तीव्र प्रहार का अहसास है कि सत्य ही जीवन मूल्य है :

मैं नया कवि हूँ
इसी से जानता हूँ
सत्य की चोट बहुत गहरी होती है,
मैं नया कवि हूँ
इसी से मानता हूँ
चश्मे के तले की दृष्टि बहरी होती है
इसी से सच्ची चोटें बाँटता हूँ
झूठी मुस्कान नहीं बेचता

'सत्य की चोट', 'बहरी दृष्टि', 'सच्ची चोटें', 'झूठी मुस्कानें' जैसे प्रयोग करके जीवन की विडम्बना को उभारने के कवि के प्रयास ने पिछली साघन काव्य परम्परा को नकारा है। इसमें जो संवेदनात्मक द्वन्द्व है, उसने जीवन के बहुस्तरीय चित्रण को सम्भव बनाया है। लघु मानव और लघु परिवेश की चर्चा नयी कविता की सफलता थी। लघु मानव माने अब तक उपेक्षित सामान्य जन है। नयी कविता में लघु मानव को प्रतिष्ठित करने का श्रेय लक्ष्मीकान्त वर्मा को है। उनके अनुसार, "आज का मानव यथार्थ ग्रहण करने के लिए इच्छुक है, इसलिए वह किसी भी ऐसे मानव की प्रामाणिकता पर विश्वास नहीं करता जो सुपरमैन, महामानव या मानवेतर विशिष्टताओं से युक्त हो या जो अपनी अन्तिम परिणति आत्मदाह में मानता हो। नयी कविता ऐसे व्यक्ति की स्थापना करती है, जिसके लिए अस्तित्व का प्रश्न सर्वाधिक महत्त्वपूर्ण है।" छोटा आदमी इसलिए छोटा नहीं है कि कुछ बड़े आदमी उन्हें ऐसा समझते हैं। उनमें व्यथा है, प्रतिक्रिया करने की ताकत भी। रामविलास शर्मा ने 'नयी

कविता और अस्तित्ववाद' में लघु मानव पर धर्मवीर भारती के विचारों को उद्धृत किया है, ''व्यापक मानवीय गौरव की प्रतिष्ठा तभी हो सकती है जब छोटों को भी वही महत्त्व दिया जाये जो बड़ों को दिया जाता है, जब महामानव और लघु मानव का भेद कर एक के गौरव का बलिदान कर दूसरे के गौरव की वृद्धि न की जाये।'' धर्मवीर भारती ने 'टूटा पहिया' कविता में इसका काव्यांकन भी किया है। इसलिए लघु परिवेश पर जागरूक लघु मानव के भविष्य पर आस्था है। केदारनाथ सिंह ने जिस लघु मानव की अभिव्यक्ति की है, वह लघु मानव अपनी लघुता से ही महान है :

कल उगूँगा मैं
आज तो कुछ भी नहीं हूँ
धूल पत्ती, फूल, चिड़िया, घास फुनगी
आज कुछ भी तो नहीं
कल उगूँगा मैं।

मुक्तिबोध, धूमिल, रघुवीर सहाय, सर्वेश्वर दयाल सक्सेना आदि कवियों ने सामाजिक और राजनीतिक जीवन की विसंगतियों तथा संघर्षों को नयी कविता में उपस्थित करने का ऐतिहासिक दायित्व निभाया है। मुक्तिबोध की कविता में जो सामाजिक जनवादी स्वर है, वह उनके आत्मसंघर्ष का है, कविता के क्षेत्र में वह एकदम नया स्वर भी है। नामवर सिंह ने लिखा है, "आत्म संघर्ष के द्वारा कविता हमारे एकान्त क्षणों की सहचरी बन गयी। वह हमारी अपनी कविता हो गयी। इससे कविता को निजता प्राप्त हुई परन्तु यह स्पष्ट कर देना ज़रूरी है कि आत्मीयता या निजता कविता का साध्य नहीं हो सकती, क्योंकि अन्ततः कविता कोई निजी वस्तु नहीं है। आत्मसंघर्ष की कविता अनिवार्यतः निजी नहीं होती। मुक्तिबोध का संघर्ष लोकोन्मुख कविता की ज़मीन है।" 'अँधेरे में' कविता में ये आत्मसंघर्ष और द्वन्द्व स्पष्ट हैं।

कथ्य और शिल्प इन दोनों दृष्टियों से प्रयोगवादी कविता की अपेक्षा नयी काव्य धारा के कवि अधिक प्रभावशाली हैं। मिट्टी की महक ने कविता को अधिक जीवन्त बनाया है, ताकि तत्कालीन समय के ज्वलन्त एवं जटिल यथार्थ कविता में अधिक-से-अधिक मुखरित हों।

कवियों ने नगरीय और ग्रामीण क्षेत्रों से नये बिम्ब और प्रतीकों को स्वीकारा है। नयी कविता के शिल्प पक्ष का विश्लेषण सामाजिक और सांस्कृतिक सन्दर्भ से जोड़कर ही सम्भव है। साधारण कवियों ने नये बिम्ब, नये प्रतीक और नये शब्दों का प्रयोग अपने विचारों की अभिव्यक्ति के लिए किया है। लेकिन इस धारा के

कवियों ने विचारों की प्रस्तुति के साथ कविता को अधिकाधिक प्रभावोज्वल बनाने के लिए सूक्ष्म बिम्बों का प्रयोग किया है। इसी प्रकार आधुनिकता की व्याख्या भी सन्दर्भानुकूल की है। नयी कविता के इस काव्यवैशिष्ट्य को रघुवीर सहाय, अज्ञेय, कुँवर नारायण आदि कवियों ने उजागर किया है। रघुवीर सहाय के रचनात्मक प्रयोगों में जो बोलचाल की भाषा है वह स्वयं बिम्ब रचती है। इसकी सादगी आज भी अनुभूति जगाती है :

पर मेरा एक और जीवन है
जिसमें मैं अकेला हूँ
जिस नगर के गलियारों, फुटपाथों, मैदानों में घूमा हूँ
हँसा खेला हूँ
उसके अनेक हैं नगर सेठ, मुंसिपल कमिश्नर,
नेता और सैलानी शतरंजबाज और आवारे
पर मैं इस बहादुर नगरी में अकेला हूँ।

इस कालखण्ड की अनेक कविताओं में प्रयोगवाद और नयी कविता की विशेषताओं तथा प्रवृत्तियों का मिला-जुला स्वर है। प्रयोगवाद में मोहभंग, अतिवैयक्तिकता, विचारधारा से मुक्ति, भाषा, प्रतीक, बिम्ब में नयापन आदि खास विशेषताएँ थीं। नवीन जीवन मूल्य, नये शिल्पविधान, नये भावबोध की अभिव्यक्ति, यथार्थवादी जीवन दृष्टि, क्षणवाद में विश्वास, बौद्धिकता, आधुनिकता बोध, वादरहित काव्य दृष्टि, विषयवस्तु की विविधता, लोकजीवन से समीपता, राजनीतिक चेतना का आग्रह, गत्यात्मकता जैसी विशेषताएँ और प्रवृत्तियाँ नयी कविता की उपलब्धियाँ हैं। त्रिलोचन शास्त्री का विचार इस सन्दर्भ में महत्त्वपूर्ण है—"नयी कविता पुरानी कविता से अनेक बातों में इतनी भिन्न है कि उसकी पहली दृष्टि में ही सहज भाव से पहचान लेना सरल नहीं है। पुरानी कविताओं में केवल भाव, विभाव और अनुभाव को रस का संस्कार देकर आकर्षक और सुरुचिपूर्ण ढंग से प्रस्तुत करने की परम्परा पायी जाती है। उसके विपरीत नयी कविता में सम्बन्धों के मूल कारण का भी अनुसन्धान करने की प्रवृत्ति है। फलत: नयी कविता में आलोचना, हास्य और व्यंग के तत्त्व भी फुटकर रूप में प्रयुक्त हैं।"

प्रो. (डॉ.) एस. आर. जयश्री
अध्यक्ष, हिन्दी विभाग
केरल विश्वविद्यालय
तिरुवनन्तपुरम्

सच्चिदानन्द हीरानन्द वात्स्यायन 'अज्ञेय'

सच्चिदानन्द हीरानन्द वात्स्यायन 'अज्ञेय' का जन्म उत्तर प्रदेश के देवरिया जिले के कुशीनगर (अब जिला) कस्बे में 7 मार्च, 1911 ई. को हुआ था। छायावादोत्तर नये काव्य के सर्वाधिक चर्चित कवि हैं अज्ञेय। वे छायावादोत्तर नये काव्य के भाव, विचार एवं शिल्प तीनों भूमियों के पथ-प्रदर्शक रहे हैं। अज्ञेय का काव्य-कृतित्व इसका प्रमाण है। उनकी कविताएँ उनके संवेदनशील कवि—व्यक्तित्व तथा आधुनिकता बोध को पूरे उत्कर्ष के साथ प्रस्तुत करती हैं। परम्परा तथा आधुनिकता दोनों के प्रति एक नया दृष्टिकोण उनके काव्य की विशेषता है।

व्यक्ति-जीवन और सामाजिक-जीवन के नाना रूपों के साथ, प्रकृति पर उनका आत्मीय लगाव भी कविताओं में झलकता है। विषय की दृष्टि से अनेकरूपता पायी जाती है। उन्होंने निजी प्रेमानुभूति, वैज्ञानिक उपलब्धियों, यान्त्रिक सभ्यता के गुण-दोषों आदि को अपने काव्य का विषय बनाया है। उनका काव्य आधुनिक बोध, इतिहास बोध तथा काव्य बोध तीनों दृष्टियों से छायावादोत्तर काव्य में नये प्रतिमानों का दिशा-निर्देश रहा है।

रचनाएँ— सदानीरा भाग 1, 2 (कविताएँ), छोड़ा हुआ रास्ता और लौटती पगडण्डियाँ (सम्पूर्ण कहानियाँ), शेखर एक जीवनी भाग 1, 2, नदी के द्वीप, अपने-अपने अजनबी (उपन्यास), अरे यायावर रहेगा याद,एक बूँद सहसा उछली (यात्रावृत्तान्त); स्मृतिलेखा (संस्मरण) त्रिशंकु, आत्मनेपद, आलबाल, स्रोत सेतु, संवत्सर, अद्यतन (आलोचना ग्रन्थ), भवन्ती, अन्तरा, शाश्वती, शेषा (डायरी), तार सप्तक, दूसरा सप्तक, तीसरा सप्तक (सम्पादित काव्य-संकलन)।

'कलगी बाजरे की'

कवि ने बाजरे की कलगी में सौन्दर्य की सृष्टि की है। नभ की अकेली तारिका या चम्पा की कली में सौन्दर्य नहीं देखा है। नये उपमान और प्रतीक की खोज तथा

अनिवार्यता पर बल दिया है। बदलते हुए युग के अनुरूप अज्ञेय ने कथ्य और शिल्प का प्रतिपादन किया है। यह नवीन काव्याभिरुचि, नवीन सौन्दर्य बोध और नये संवेदन की कविता है। यह कविता कवि की प्रयोगधर्मी चेतना को स्पष्ट करती है अर्थात् बार-बार प्रयुक्त होने के कारण घिसे या चमकविहीन हो गये उपमानों से कविता प्रभावशाली नहीं बनती। कलगी के माध्यम से कवि प्रकृति के प्रति अपना समर्पण भाव भी व्यक्त करते हैं।

'कितनी नावों में कितनी बार'

'कितनी नावों में कितनी बार' कविता में अज्ञेय आलोक मन को अनबुझे सत्य के रूप में प्रस्तुत करते हैं। अपनी विभिन्न यात्राओं के माध्यम से कवि को ज्ञात हुआ कि भारतवर्ष में ही वास्तविक सत्य के दर्शन किये जा सकते हैं। भारतीय परम्पराओं और जीवनमूल्यों के प्रति कवि की अटूट आस्था इस कविता में व्यक्त होती है। विदेशों में सच्चाई तथ्यों और तर्कों पर आधारित है। परन्तु तर्कों पर आधारित सच्चाई को कवि अन्तिम सत्य नहीं मानते। कवि के अनुसार सच्चा ज्ञान तथा सत्य का दर्शन आत्मा के आलोक से ही सम्भव है। यह व्यक्ति का आन्तरिक अनुभव है। तथ्य बाहरी तत्त्व है। यह तर्क और वैज्ञानिक युक्ति पर आधारित है। यहाँ कवि का लक्ष्य सत्य से साक्षात्कार करना है। इसलिए वह तथ्य से सन्तुष्ट नहीं हो सकता।

'असाध्य वीणा'

'असाध्य वीणा' कई दृष्टियों से अज्ञेय का प्रतिनिधि काव्य कहा जा सकता है। अर्थ और अनुभव का अद्वैत इस लम्बी कविता का साध्य है। वर्षों से असाध्य समझी जाने वाली वीणा को रचनाकार कैसे साधता है और संगीत की सृष्टि करता है—यह कविता का संक्षिप्त वृत्त है।

कलासाधक वज्रकीर्ति ने अपना सारा जीवन लगाकर मन्त्रपूत किरीटी-तरु से इस वीणा को गढ़ा था। उत्तराखण्ड के गिरि-प्रान्तर से यह राजा के पास आयी। राजा के सब जाने-माने कलावन्त हार गये। कोई भी उसे न साध सका। अत: वह असाध्य वीणा प्रसिद्ध हो गयी। केशकम्बली, जिसे गुफा-गेह से राजा ने बुलवाया था, वह आया। उसे राजा ने वीणा की असहायता का संक्षिप्त परिचय दिया। उसके बाद केशकम्बली ने अपना कम्बल खोल धरती पर चुपचाप बिछाया, झुककर उस वीणा पर-तारों पर अपना मस्तक टेक दिया और स्वयं अपने को शोधना आरम्भ कर दिया। 'सघननिविड़ में वह अपने को सौंप रहा था उसी किरीटी-तरु को, सम्बोधित

करता था, नीरव एकालाप प्रियंवद।' केशकम्बली अपनी कल्पना स्मृति में तरु और तरु के माध्यम से असाध्य वीणा के रहस्य को पा गया। वह सारी ध्वनियों, पारिवेशिक जीवन स्थितियों, अस्तित्वगत प्रतीतियों को स्मृत-साक्षात्कार में पा लेता है। यह जीवन-वैविध्य वीणा में कैसे रूपान्तरित होकर झंकृत होता है—इसका वर्णन है। प्रकृति के विविध अनुभवों की झंकार मनुष्य में होती है।

कला अहं का उत्सर्ग, समर्पण और आत्मसमर्पण चाहती है। केशकम्बली पहले समर्पित है, 'तरु-तात' को जिससे वीणा का निर्माण हुआ और फिर उसका समर्पण है, स्वयं वीणा के प्रति। तब कलाकार के आत्मदान से 'सहसा वीणा झनझना उठी... अवतरित हुआ संगीत।' इस संगीत की सृष्टि और उसके प्रभाव को कवि ने सामान्य जीवन में से लेकर बड़े उदात्त स्तर पर चित्रित किया है। रचना डुबोती सबको है, पर सब की उपलब्धि अलग-अलग है।

डूब गये सब एक साथ/सब अलग-अलग एकाकी पार उतरे।

अज्ञेय की असाध्य वीणा पूर्णत: प्रतीकात्मक है। किरीटी-तरु परम सत्य का प्रतीक है। उससे बनायी गयी वीणा सत्य की उपलब्धि का साधन मार्ग है। वीणा से निकलने वाला संगीत परमात्मा की अभिव्यक्ति है। यह सत्य प्रत्येक व्यक्ति को अपनी भावनाओं के अनुसार उपलब्ध होता है।

कलगी बाजरे की

अज्ञेय

हरी बिछली घास।
दोलती कलगी छरहरी बाजरे की।

अगर मैं तुम को ललाती साँझ के नभ की अकेली तारिका
अब नहीं कहता,
या शरद के भोर की नीहार-न्हाई कुँई,
टटकी कली चम्पे की, वगैरह, तो
नहीं कारण कि मेरा हृदय उथला या कि सूना है
या कि मेरा प्यार मैला है।

बल्कि केवल यही : ये उपमान मैले हो गये हैं।
देवता इन प्रतीकों के कर गये हैं कूच।

कभी बासन अधिक घिसने से मुलम्मा छूट जाता है।
मगर क्या तुम नहीं पहचान पाओगी :
तुम्हारे रूप के—तुम हो, निकट हो, इसी जादू के—
निजी किस सहज, गहरे बोध से, किस प्यार से मैं कह रहा हूँ—
अगर मैं यह कहूँ—

बिछली घास हो तुम
लहलहाती हवा में कलगी छरहरी बाजरे की?

आज हम शहरातियों को
पालतू मालंच पर सँवरी जूही के फूल से
सृष्टि के विस्तार का— ऐश्वर्य का— औदार्य का—
कहीं सच्चा, कहीं प्यारा एक प्रतीक
बिछली घास है,
या शरद की साँझ के सूने गगन की पीठिका पर दोलती कलगी
अकेली
बाजरे की।

और सचमुच, इन्हें जब-जब देखता हूँ
यह खुला वीरान संसृति का घना हो सिमट आता है—
और मैं एकान्त होता हूँ समर्पित।

शब्द जादू हैं—
मगर क्या यह समर्पण कुछ नहीं है?

कितनी नावों में कितनी बार

•

अज्ञेय

कितनी दूरियों से कितनी बार
कितनी डगमग नावों में बैठकर
मैं तुम्हारी ओर आया हूँ
ओ मेरी छोटी-सी ज्योति!
कभी कुहासे में तुम्हें न देखता भी
पर कुहासे की ही छोटी-सी रुपहली झलमल में
पहचानता हुआ तुम्हारा ही प्रभा-मण्डल।
कितनी बार मैं,
धीर, आश्वस्त, अक्लान्त—
    ओ मेरे अनबुझे सत्य! कितनी बार...

और कितनी बार कितने जगमग जहाज
मुझे खींच कर ले गये हैं कितनी दूर
किन पराये देशों की बेदर्द हवाओं में
जहाँ नंगे अँधेरों को
और भी उघाड़ता रहता है
एक नंगा, तीखा, निर्मम प्रकाश—
जिस में कोई प्रभा-मण्डल नहीं बनते
केवल चौंधियाते हैं तथ्य, तथ्य—तथ्य—
सत्य नहीं, अन्तहीन सच्चाइयाँ
कितनी बार मुझे
खिन्न, विकल, सन्त्रस्त—कितनी बार!

असाध्य वीणा

•

अज्ञेय

आ गये प्रियंवद! केशकम्बली! गुफा-गेह!
राजा ने आसन दिया। कहा :
"कृतकृत्य हुआ मैं तात! पधारे आप।
भरोसा है अब मुझ को
साध आज मेरे जीवन की पूरी होगी!"

लघु संकेत समझ राजा का
गण दौड़े। लाये असाध्य वीणा,
साधक के आगे रख उस को, हट गये।
सभी की उत्सुक आँखें
एक बार वीणा को लख, टिक गयीं
प्रियंवद के चेहरे पर।

"यह वीणा उत्तराखण्ड के गिरि-प्रान्तर से
—घने वनों में जहाँ तपस्या करते हैं व्रतचारी—
बहुत समय पहले आयी थी।
पूरा तो इतिहास न जान सके हम :
किन्तु सुना है
वज्रकीर्ति ने मन्त्रपूत जिस
अति प्राचीन किरीटी-तरु से इसे गढ़ा था—
उस के कानों में हिम-शिखर रहस्य कहा करते थे अपने,

कन्धों पर बादल सोते थे,
उस की करि-शुण्डों-सी डालें
हिम-वर्षा से पूरे वन-यूथों का कर लेती थीं परित्राण,
कोटर में भालू बसते थे,
केहरि उस के वल्कल से कन्धे खुजलाने आते थे।
और—सुना है—जड़ उस की जा पहुँची थी पाताल-लोक,
उसकी ग्रन्थ-प्रवण शीतलता से फण टिका नाग वासुकि
सोता था।
उसी किरीटी-तरु से वज्रकीर्ति ने
सारा जीवन इसे गढ़ा :
हठ-साधना यही थी उस साधक की—
वीणा पूरी हुई, साथ साधना, साथ ही जीवन-लीला।"

राजा रुके साँस लम्बी लेकर फिर बोले :
'मेरे हार गये सब जाने-माने कलावन्त,
सबकी विद्या हो गयी अकारथ, दर्प चूर,
कोई ज्ञानी गुणी आज तक इसे न साध सका।
अब यह असाध्य वीणा ही ख्यात हो गयी।
पर मेरा अब भी है विश्वास
कृच्छ्र-तप वज्रकीर्ति का व्यर्थ नहीं था।
वीणा बोलेगी अवश्य, पर तभी
इसे जब सच्चा-स्वरसिद्ध गोद में लेगा।
तात! प्रियंवद! लो, यह सम्मुख रही तुम्हारे
वज्रकीर्ति की वीणा,
यह मैं, यह रानी, भरी सभा यह :
सब उदग्र, पर्युत्सुक,
जन-मात्र प्रतीक्षमाण!'

केशकम्बली गुफा-गेह ने खोला कम्बल।
धरती पर चुप-चाप बिछाया।
वीणा उस पर रख, पलक मूँद कर, प्राण खींच,

कर के प्रणाम,
अस्पर्श छुअन से छुए तार।
धीरे बोला : "राजन्! पर मैं तो
कलावन्त हूँ नहीं, शिष्य, साधक हूँ—
जीवन के अनकहे सत्य का साक्षी।
वज्रकीर्ति।
प्राचीन किरीटी-तरु!
अभिमन्त्रित वीणा!
ध्यान-मात्र इन का तो गद्‌गद विह्वल कर देने वाला है!"

चुप हो गया प्रियंवद।
सभा भी मौन हो रही।

वाद्य उठा साधक ने गोद रख लिया।
धीरे-धीरे झुक उस पर, तारों पर मस्तक टेक दिया।
सभा चकित थी—अरे, प्रियंवद क्या सोता है?
केशकम्बली अथवा हो कर पराभूत
झुक गया वाद्य पर?
वीणा सचमुच क्या है असाध्य?

पर उस स्पन्दित सन्नाटे में
मौन प्रियंवद साध रहा था वीणा—
नहीं, स्वयं अपने को शोध रहा था।
सघन निविड में वह अपने को
सौंप रहा था उसी किरीटी-तरु को।
कौन प्रियंवद है कि दम्भ कर
इस अभिमन्त्रित कारुवाद्य के सम्मुख आवे?
कौन बजावे
यह वीणा जो स्वयं एक जीवन भर की साधना रही?
भूल गया था केशकम्बली राजा-सभा को :

कम्बल पर अभिमन्त्रित एक अकेलेपन में डूब गया था
जिस में साक्षी के आगे था
जीवित वही किरीटी-तरु
जिस की जड़ वासुकि के फण पर थी आधारित,
जिस के कन्धों पर बादल सोते थे
और कान में जिसके हिमगिरि कहते थे अपने रहस्य।
सम्बोधित कर उस तरु को, करता था
नीरव एकालाप प्रियंवद।

"ओ विशाल तरु!
शत-सहस्र पल्लवन-पतझरों ने जिस का नित रूप सँवारा,
कितनी बरसातों कितने खद्योतों ने आरती उतारी,
दिन भौंरे कर गये गुंजरित,
रातों में झिल्ली ने
अनकथ मंगल-गान सुनाये,
साँझ-सवेरे अनगिन
अनचीन्हे खग-कुल की मोद-भरी क्रीड़ा-काकलि
डाली-डाली को कँपा गयी—
ओ दीर्घकाय!
ओ पूरे झारखण्ड के अग्रज,
तात, सखा, गुरु, आश्रय,
त्राता महच्छाय,
ओ व्याकुल मुखरित वन-ध्वनियों के
वृन्दगान के मूर्त-रूप,
मैं तुझे सुनूँ,
देखूँ, ध्याऊँ
अनिमेष, स्तब्ध, संयत, संयुत, निर्वाक् :
कहाँ साहस पाऊँ
छू सकूँ तुझे!

तेरी काया को छेद, बाँध कर रची गयी वीणा को
किस स्पर्धा से

हाथ करें आघात
छीनने को तारों से
एक चोट में वह संचित संगीत जिसे रचने में
स्वयं न जाने कितनों के स्पन्दित प्राण रच गये!

"नहीं, नहीं! वीणा यह मेरी गोद रखी है, रहे,
किन्तु मैं ही तो
तेरी गोदी बैठा मोद-भरा बालक हूँ,
ओ तरु-तात! सँभाल मुझे,
मेरी हर किलक
पुलक में डूब जाय :
मैं सुनूँ,
गुनूँ,
विस्मय से भर आँकूँ
तेरे अनुभव का एक-एक अन्त:स्वर
तेरे दोलन की लोरी पर झूमूँ मैं तन्मय—
गा तू :
तेरी लय पर मेरी साँसें
भरें, पुरें, रीतें, विश्रान्ति पायें।

"गा तू!
यह वीणा रखी है : तेरा अंग-अपंग!
किन्तु अंगी, तू अक्षत, आत्म-भरित,
रस-विद्,
तू गा :
मेरे अँधियारे अन्तस् में आलोक जगा
स्मृति का
श्रुति का—

'हाँ, मुझे स्मरण है :
बदली—कौंध—पत्तियों पर वर्षा-बूँदों की पट-पट।

घनी रात में महुए का चुपचाप टपकना।
चौंके खग-शावक की चिहुँक।
शिलाओं को दुलराते वन-झरने के
द्रुत लहरीले जल का कल-निनाद।
कुहरे में छन कर आती
पर्वती गाँव के उत्सव-ढोलक की थाप।
गड़रियों की अनमनी बाँसुरी।
कठफोड़े का ठेका। फुलसुँघनी की आतुर फुरकन :
ओस-बूँद की ढरकन—इतनी कोमल, तरल कि झरते-झरते
मानो हरसिंगार का फूल बन गयी।
भरे शरद् के ताल, लहरियों की सरसर-ध्वनि।
कूँजों का क्रेंकार। काँद लम्बी टिट्टिभ की।
पंख-युक्त सायक-सी हंस-बलाका।
चीड़-वनों में गन्ध-अन्ध उन्मद पतंग की जहाँ-तहाँ टकराहट
जल-प्रपात का प्लुत एकस्वर।
झिल्ली-दादुर, कोकिल-चातक की झंकार पुकारों की यति में
संसृति की साँय-साँय।

"हाँ, मुझे स्मरण है :
दूर पहाड़ों.से काले मेघों की बाढ़
हाथियों का मानो चिंघाड़ रहा हो यूथ।
घरघराहट चढ़ती बहिया की।
रेतीले कगार का गिरना छप्-छड़ाप।
झंझा की फुफकार, तप्त,
पेड़ों का अररा कर टूट-टूट कर गिरना।

ओले की कर्री चपत।
जमे पाले से तनी कटारी-सी सूखी घासों की टूटन।
ऐंठी मिट्टी की स्निग्ध घास में धीरे-धीरे रिसना।
हिम-तुषार के फाहे धरती के घावों को सहलाते चुप-चाप।

घाटियों में भरती
गिरती चट्टानों की गूँज—
काँपती मन्द्र गूँज—अनुगूँज—साँस खोयी-सी, धीरे-धीरे नीरव।

"मुझे स्मरण है :
हरी तलहटी में, छोटे पेड़ों की ओट ताल पर
बँधे समय वन-पशुओं की नानाविध आतुर-तृप्त पुकारें :
गर्जन, घुर्घुर, चीख, भूँक, हुक्का, चिचियाहट।
कमल-कुमुद-पत्रों पर चोर-पैर द्रुवत धावित
जल-पंछी की चाप
थाप दादुर की चकित छलाँगों की।
पन्थी के घोड़े की टाप अधीर।
अचंचल धीर थाप भैंसों के भारी खुर की।

"मुझे स्मरण है :
उझक क्षितिज से
किरण भोर की पहली
जब तकती है ओस-बूँद को
उस क्षण की सहसा चौंकी-सी सिहरन।
और दुपहरी में जब
घास-फूल अनदेखे खिल जाते हैं
मोमाखियाँ असंख्य झूमती करती हैं गुंजार—
उस लम्बे विलमे क्षण का तन्द्रालस ठहराव।

और साँझ को
जब तारों की तरल कँपकँपी
स्पर्शहीन झरती है—
मानो नभ में तरल नयन ठिठकी
नि:संख्य सवत्सा युवती माताओं के आशीर्वाद—
उस सन्धि-निमिष की पुलकन लीयमान।

"मुझे स्मरण है :
और चित्र प्रत्येक
स्तब्ध, विजड़ित करता है मुझ को।
सुनता हूँ मैं
पर हर स्वर-कम्पन लेता है मुझ को मुझ से सोख—
वायु-सा नाद-भरा मैं उड़ जाता हूँ।...
मुझे स्मरण है—
पर मुझ को मैं भूल गया हूँ :
सुनता हूँ मैं—
पर मैं मुझ से परे, शब्द में लीयमान।

"मैं नहीं, नहीं! मैं कहीं नहीं!
ओ रे तरु! ओ वन!
ओ स्वर-संभार!
नाद-मय संसृति!
ओ रस-प्लावन!
मुझे क्षमा कर—भूल अकिंचनता को मेरी—
मुझे ओट दे—ढँक ले—छा ले—
ओ शरण्य!
मेरे गूँगेपन को तेरे सोये स्वर-सागर का ज्वार डुबा ले!
आ, मुझे भुला,
तू उतर बीन के तारों में
अपने से गा
अपने को गा—
अपने खग-कुल को मुखरित कर
अपनी छाया में पले मृगों की चौकड़ियों को ताल बाँध,
अपने छायातप, वृष्टि -पवन, पल्लव-कुसमन की लय पर
अपने जीवन-संचय को कर छन्दयुक्त,
अपनी प्रज्ञा को वाणी दे!
तू गा, तू गा—

तू सन्निधि पा—तू खो
तू आ—तू हो—तू गा! तू गा!"

राजा जागे।
समाधिस्थ संगीतकार का हाथ उठा था—
काँपी थीं उँगलियाँ।
अलस अँगड़ाई लेकर मानो जाग उठी थी वीणा :
किलक उठे थे स्वर-शिशु।
नीरव पदा रखता जालिक मायावी
सधे करों से धीरे-धीरे-धीरे
डाल रहा था जाल हेम-तारों का।

सहसा वीणा झनझना उठी—
संगीतकार की आँखों में ठण्डी पिघली ज्वाला-सी झलक गयी—
रोमांच एक बिजली-सा सब के तन में दौड़ गया।
अवतरित हुआ संगीत
स्वयम्भू
जिस में सोता है अखण्ड
ब्रह्म का मौन
अशेष प्रभामय।

डूब गये सब एक साथ।
सब अलग-अलग एकाकी पार तिरे।

राजा ने अलग सुना :
जय देवी यशःकाय
वरमाल लिये
गाती थी मंगल-गीत,
दुन्दुभी दूर कहीं बजती थी,
राज-मुकुट सहसा हलका हो आया था, मानो हो फूल सिरिस का
ईर्ष्या, महदाकांक्षा, द्वेष, चाटुता

सभी पुराने लुगड़े-से झर गये, निखर आया था जीवन-कांचन
धर्म-भाव से जिसे निछावर वह कर देगा।

रानी ने अलग सुना :
छँटती बदली में एक कौंध कह गयी—
तुम्हारे ये मणि-माणक, कण्ठहार, पट-वस्त्र,
मेखला-किंकिणि—
सब अन्धकार के कण हैं ये! आलोक एक है
प्यार अनन्य! उसी की
विद्युल्लता घेरती रहती है रस-भार मेघ को,
थिरक उसी की छाती पर उस में छिप कर सो जाती है
आश्वस्त, सहज विश्वास-भरी।
रानी
उस एक प्यार को साधेगी।

सब ने भी अलग-अलग संगीत सुना।
इस को
वह कृपा-वाक्य था प्रभुओं का।
उस को
आतंक-मुक्ति का आश्वासन।
इस को
वह भरी तिजोरी में सोने की खनक।
उसे
बटुली में बहुत दिनों के बाद अन्न की सोंधी खुशबू।
किसी एक को नयी वधू की सहमी-सी पायल-ध्वनि।
किसी दूसरे को शिशु की किलकारी।
एक किसी को जाल-फँसी मछली की तड़पन—
एक अपर को चहक मुक्त नभ में उड़ती चिड़िया की।
एक तीसरे को मण्डी की ठेलमठेल, गाहकों की आस्पर्धा भरी बोलियाँ,
चौथे को मन्दिर की ताल-युक्त घण्टा-ध्वनि।
और पाँचवें को लोहे पर सधे हथौड़े की सम चोटें

और छठे को लंगर पर कसमसा रही नौका पर लहरों की अविराम थपक।
बटिया पर चमरौधे की रुँधी चाप सातवें के लिए—
और आठवें को कुलिया की कटी मेंड़ से बहते जल की छुल-छुल।
इसे गमक नट्टिन की एड़ी के घुँघरू की।
उसे युद्ध का ढोल।
इसे संझा-गोधूली की लघु टुन-टुन—
उसे प्रलय का डमरू-नाद।
इस को जीवन की पहली अँगड़ाई
पर उस को महाजृम्भ विकराल काल!
सब डूबे, तिरे, झिपे, जागे—
हो रहे वशंवद, स्तब्ध :
इयत्ता सब की अलग-अलग जागी,
संघीत हुई,
पा गयी विलय।

वीणा फिर मूक हो गयी।

साधु! साधु!!

राजा सिंहासन से उतरे—
रानी ने अर्पित की सतलड़ी माल,
"हे स्वरजित्! धन्य! धन्य!"

संगीतकार
वीणा को धीरे से नीचे रख, ढँक—मानो
गोदी में सोये शिशु को पालने डाल कर मुग्धा माँ
हट जाय, दीठ से दुलराती—
उठ खड़ा हुआ।
बढ़ते राजा का हाथ उठा करता आवर्जन,
बोला :

"श्रेय नहीं कुछ मेरा :
मैं तो डूब गया था स्वयं शून्य में—
वीणा के माध्यम से अपने को मैं ने
सब कुछ को सौंप दिया था—
सुना आप ने जो वह मेरा नहीं,
न वीणा का था :
वह तो सब कुछ की तथता थी
महाशून्य
वह महामौन
अविभाज्य, अनाप्त, अद्रवित, अप्रमेय
जो शब्दहीन
सब में गाता है।"

नमस्कार कर मुड़ा प्रियंवद केशकम्बली।
लेकर कम्बल गेह-गुफा को चला गया।

उठ गयी सभा। सब अपने-अपने काम लगे।
युग पलट गया।

प्रिय पाठक! यों मेरी वीणा भी
मौन हुई।

गजानन माधव मुक्तिबोध

मुक्तिबोध का जन्म मध्य प्रदेश के ग्वालियर में 13 नवम्बर, 1917 को हुआ था। वे अपने युग के सार्थक कवि हैं। उनकी कविताओं का केन्द्रीय विषय व्यक्ति मन का अन्तर्द्वन्द्व है। उन्होंने आत्मविश्लेषण के माध्यम से युग का सामाजिक संघर्ष समझा है और समझाया है। संघर्षशील कवि होने के नाते उनकी कविता में भावुकता की सीमा है। लेकिन आत्मसंघर्ष का बोध जीवन्त है। वह आत्मसंघर्ष आत्मोन्मुखी नहीं समाजोन्मुखी है।

प्रमुख रचनाएँ—'लाल कनेर', 'चकमक चिनगारियाँ', 'काला लबादा ओढ़े व्यक्ति', 'सूर्य का लाल गोला', 'मानव शिशु', 'रक्तकमल', 'ब्रह्मराक्षस', 'घुग्घू', 'साँप', 'पिशाच', 'खँडहर की वीरानी', 'गुफाएँ', 'बावड़ी', 'अँधेरे में', 'चाँद का मुँह टेढ़ा है', 'चम्बल की घाटियों में' (प्रसिद्ध कविताएँ)।

इनका स्वर्गवास 46 वर्ष की उम्र में 11 सितम्बर, 1964 को भोपाल में हुआ।

'ब्रह्मराक्षस'

'ब्रह्मराक्षस' बिम्ब-विधान यानी चित्रबिम्ब और ध्वनिबिम्ब की नवीनता और सफल रूप-संयोजना से सन्तुलित रचना है। विचारों की स्वतन्त्र सत्ता को रूपायित करने के लिए अनेक शिल्प पैटर्नों को इस्तेमाल किया गया है। इस कविता का रचनाकाल 1956 से 1962 माना गया है। यह कविता पहली बार 'कवि' पत्रिका में अप्रैल 1957 को प्रकाशित हुई थी, लेकिन जो संशोधन मुक्तिबोध ने 1962 में किया था, वह रचनावली में छपकर आया। यह फैंटसी का रचनात्मक रूप है। निम्न मध्यवर्ग की चेतना में व्याप्त आत्मसंघर्ष को फैंटसी के माध्यम से अभिव्यक्त किया गया है।

कविता का प्रारम्भ परित्यक्त बावड़ी के वर्णन से होता है। यह बावड़ी मध्यवर्गीय बुद्धिजीवी का अन्तर्मन है। जो निसंग है। इसमें मिथ्या चेतना का शीत अँधेरा है।

ब्रह्मराक्षस बावड़ी की घनी गहराइयों में पैठा है। कविता के दूसरे खण्ड में उसका अतीत चित्रित है और अन्त में वाचक उसकी ट्रैजडी पर सहानुभूतिपूर्वक विचार करता हुआ उसका सफल शिष्य होना चाहता है। ब्रह्मराक्षस की प्रतीकात्मकता कविता में स्पष्ट होती है कि—

सब प्रमेयों तक
कि मार्क्स, एंजेल्स, रसेल, टाएन्बी
कि हीडेग्गर व स्पेंगलर, सार्त्र, गाँधी भी
सभी के सिद्ध-अन्तों का
नया व्याख्यान करता वह
नहाता ब्रह्मराक्षस, श्याम
प्राक्तन बावड़ी की
उन घनी गहराइयों में शून्य।

नयी व्याख्या करने वाला मध्यवर्गीय बुद्धिजीवी वर्ग है। उन्हें ज्ञान की ओर बढ़ाने का संकेत कविता में है।

ब्रह्मराक्षस

•

गजानन माधव मुक्तिबोध

शहर के उस ओर खँडहर की तरफ
परित्यक्त सूनी बावड़ी
के भीतरी
ठण्डे अँधेरे में
बसी गहराइयाँ जल की...
सीढ़ियाँ डूबीं अनेकों
उस पुराने घिरे पानी में...
समझ में आ न सकता हो
कि जैसे बात का आधार

लेकिन बात गहरी हो।
बावड़ी को घेर
डालें खूब उलझी हैं,
खड़े हैं मौन औदुम्बर।
व शाखों पर
लटकते घुग्घुओं के घोंसले
परित्यक्त, भूरे, गोल।

विगत शत पुण्यों का आभास
जंगली हरी कच्ची गन्ध में बसकर
हवा में तैर

बनता है गहन सन्देह
अनजानी किसी बीती हुई उस श्रेष्ठता का जो कि
दिल में एक खटके-सी लगी रहती।

बावड़ी की इन मुँडेरों पर
मनोहर हरी कुहनी टेक
बैठी है टगर
ले पुष्प-तारे-श्वेत

उसके पास
लाल फूलों का लहकता झौंर—
मेरी वह कन्हेर...
वह बुलाती एक ख़तरे की तरफ जिस ओर
अँधियारा खुला मुँह बावड़ी का
शून्य अम्बर ताकता है।

बावड़ी की उन घनी गहराइयों में शून्य
ब्रह्मराक्षस एक पैठा है,
व भीतर से उमड़ती गूँज की भी गूँज,
हड़बड़ाहट-शब्द पागल से।
गहन अनुमानिता
तन की मलिनता
दूर करने के लिए, प्रतिपल
पाप-छाया दूर करने के लिए, दिन-रात
स्वच्छ करने—
ब्रह्मराक्षस
घिस रहा है देह
हाथ के पंजे, बराबर,
बाँह-छाती-मुँह छपाछप
खूब करते साफ,
फिर भी मैल
फिर भी मैल!!

और... होंठों से
अनोखा स्तोत्र, कोई क्रुद्ध मन्त्रोच्चार,
अथवा शुद्ध संस्कृत गालियों का ज्वार,
मस्तक की लकीरें
बुन रहीं
आलोचनाओं के चमकते तार!!
उस अखण्ड स्नान का पागल प्रवाह...
प्राण में संवेदना है स्याह!!

किन्तु, गहरी बावड़ी
की भीतरी दीवार पर
तिरछी गिरी रवि-रश्मि
के उड़ते हुए परमाणु, जब
तल तक पहुँचते हैं कभी
तब ब्रह्मराक्षस समझता है, सूर्य ने
झुककर 'नमस्ते' कर दिया।
पथ भूलकर जब चाँदनी
की किरन टकराये
कहीं दीवार पर,
तब ब्रह्मराक्षस समझता है
वन्दना की चाँदनी ने
ज्ञान-गुरु माना उसे।
अति-प्रफुल्लित कण्टकित तन-मन वही
करता रहा अनुभव कि नभ ने भी
विनत हो मान ली है श्रेष्ठता उसकी!!
और, तब दुगुने भयानक ओज से
पहचान वाला मन
सुमेरी-बैबिलोनी जन-कथाओं से
मधुर वैदिक ऋचाओं तक
व तब से आज तक के सूत्र
छन्दस्, मन्त्र, थियोरम,

सब प्रमेयों तक
कि मार्क्स, एंजेल्स, रसेल, टॉएन्बी
कि हीडेग्गर व स्पेंग्लर, सार्त्र, गाँधी भी
सभी के सिद्ध-अन्तों का
नया व्याख्यान करता वह
नहाता ब्रह्मराक्षस, श्याम
प्राक्तन बावड़ी की
उन घनी गहराइयों में शून्य।

...ये गरजती, गूँजती, आन्दोलिता
गहराइयों से उठ रहीं ध्वनियाँ, अतः
उद्‌भ्रान्त शब्दों के नये आवर्त में
हर शब्द निज प्रति-शब्द को भी काटता
वह रूप अपने बिम्ब से भी जूझ
विकृताकार-कृति
है बन रहा
ध्वनि लड़ रही अपनी प्रतिध्वनि से यहाँ

बावड़ी की इन मुँडेरों पर
मनोहर हरी कुहनी टेक सुनते हैं
टगर के पुष्प-तारे श्वेत
वे ध्वनियाँ!
सुनते हैं करौंदी के सुकोमल फूल
सुनता है उन्हें प्राचीन औदुम्बर
सुन रहा हूँ मैं वही
पागल प्रतीकों में कही जाती हुई
वह ट्रैजिडी
जो बावड़ी में अड़ गयी।

× × ×

खूब ऊँचा एक जीना साँवला
उसकी अँधेरी सीढ़ियाँ...

वे एक आभ्यन्तर निराले लोक की।
एक चढ़ना औ' उतरना,
पुनः चढ़ना औ' लुढ़कना,
मोच पैरों में
व छाती पर अनेकों घाव।
बुरे-अच्छे-बीच के संघर्ष
    से भी उग्रतर
अच्छे व उससे अधिक अच्छे बीच का संगर
गहन किंचित सफलता,
अति भव्य असफलता!
...अतिरेकवादी पूर्णता
    की ये व्यथाएँ बहुत प्यारी हैं...
ज्यामितिक संगति-गणित
की दृष्टि के कृत
    भव्य नैतिक मान
आत्मचेतन सूक्ष्म नैतिक मान...
...अतिरेकवादी पूर्णता की तुष्टि करना
    कब रहा आसान
मानवी अन्त:कथाएँ बहुत प्यारी हैं!!

रवि निकलता
लाल चिन्ता की रुधिर-सरिता
प्रवाहित कर दीवारों पर,
उदित होता चन्द्र
व्रण पर बाँध देता
    श्वेत-धौली पट्टियाँ
उद्विग्न भालों पर
सितारे आसमानी छोर पर फैले हुए
अनगिन दशमलव से
दशमलव-बिन्दुओं के सर्वतः
पसरे हुए उलझे गणित मैदान में

मारा गया, वह काम आया,
और वह पसरा पड़ा है...
वक्ष-बाँहें खुली फैलीं
एक शोधक की।
व्यक्तित्व वह कोमल स्फटिक प्रासाद-सा,
प्रासाद में ज़ीना
व ज़ीने की अकेली सीढ़ियाँ
चढ़ना बहुत मुश्किल रहा।

वे भाव-संगत तर्क-संगत
कार्य सामंजस्य-योजित
समीकरणों के गणित की सीढ़ियाँ
हम छोड़ दें उसके लिए।
उस भाव-तर्क व कार्य-सामंजस्य-योजन...
शोध में
सब पण्डितों, सब चिन्तकों के पास
वह गुरु प्राप्त करने के लिए
भटका!!

किन्तु—युग बदला व आया कीर्ति-व्यवसायी
...लाभकारी कार्य में से धन,
व धन में से हृदय-मन,
और, धन-अभिभूत अन्त:करण में से
सत्य की झाईं
        निरन्तर चिलचिलाती थी।
आत्मचेतस् किन्तु इस
व्यक्तित्व में थी प्राणमय अनबन...
विश्वचेतस् बे-बनाव!!
महत्ता के चरण में था
विषादाकुल मन!
मेरा उसी से उन दिनों होता मिलन यदि

तो व्यथा उसकी स्वयं जीकर
बताता मैं उसे उसका स्वयं का मूल्य
    उसकी महत्ता!
वह उस महत्ता का
हम सरीखों के लिए उपयोग,
उस आन्तरिकता का बताता मैं महत्त्व!!

पिस गया वह भीतरी
औ' बाहरी दो कठिन पाटों बीच,
ऐसी ट्रैजिडी है नीच!!
बावड़ी में वह स्वयं
पागल प्रतीकों में निरन्तर कह रहा
वह कोठरी में किस तरह
अपना गणित करता रहा
औ' मर गया...
वह सघन झाड़ी के कँटीले
तम-विवर में
    मरे पक्षी-सा
    विदा ही हो गया
वह ज्योति अनजानी सदा को सो गयी
यह क्यों हुआ!
क्यों यह हुआ!!
मैं ब्रह्मराक्षस का सजल-उर शिष्य
होना चाहता
जिससे कि उसका वह अधूरा कार्य,
उसकी वेदना का स्रोत
संगत, पूर्ण निष्कर्षों तलक
    पहुँचा सकूँ।

धर्मवीर भारती

धर्मवीर भारती का जन्म 25 दिसम्बर, 1926 को इलाहाबाद के अतर सुइया मुहल्ले में हुआ था। ये 'दूसरा सप्तक' के कवि हैं। कविताएँ बौद्धिकता एवं सौन्दर्यबोध से सम्पन्न हैं। रोमांटिक भावनाएँ, सामाजिक चिन्ता, विद्रोह और आक्रोश उनकी कविता में विद्यमान हैं। नये–नये प्रयोगों से इनमें भाव एवं शिल्प का सुन्दर समन्वय है। वे विचारों से मानवता की मुक्ति के समर्थक हैं।

रचनाएँ—'ठेले पर हिमालय', ' ठण्डा लोहा', 'अन्धा युग', 'कनुप्रिया', 'बन्द गली का आखिरी मकान', 'सपना अभी भी', 'गुनाहों का देवता', 'सूरज का सातवाँ घोड़ा' आदि भारती की महत्त्वपूर्ण कृतियाँ हैं। इनका निधन 4 दिसम्बर, 1997 को मुम्बई में हुआ।

'कविता की मौत'

नयी कविता के प्रमुख कवि एवं 'धर्मयुग' पत्रिका के सम्पादक धर्मवीर भारती की कविता 'कविता की मौत' एक आशावादी कविता है। जो अज्ञेय द्वारा सम्पादित 'दूसरा सप्तक' में संकलित है। स्वतन्त्रता के पश्चात उत्पन्न निराशावाद के कारण कविता के कम होते महत्त्व की चिन्ता कवि को सताती है। कविता जन-मन में उमंग-उत्साह भरने तथा आनन्द प्रदान करने वाली होती है। कविता में वह शक्ति होती है जिससे समाज का निर्माण सम्भव होता है। 'विष्णुपद' से लेकर 'खेत-खलिहान' और 'स्वर्ग से पाताल' तक की यात्रा करने वाली क़विता पर आज के निराशावादी जीवन में प्रश्न उठने लगे हैं। वर्तमान समय गरीबी, बेरोजगारी, साम्प्रदायिकता, जातिवाद आदि से भरा हुआ है। बच्चों का जीवन भी कोयले की तरह काला हो गया। कविता का मर जाना सूरज-सितारे-सौन्दर्य का मर जाना है। अर्थात् मनुष्य का मर जाना है। जिनका अहसास और अनुभूति कविता ही कराती है।

कवि इतनी आसानी से स्वीकार करने वाला नहीं है कि कविता की मौत हो? वह कविता की शक्ति को जानता है। चाहे जैसी परिस्थितियाँ हों, आदमी हमेशा संघर्ष करते आये हैं। कवि कविता की मौत को झूठ बताता है और कवि को विश्वास है कि फिर से सब कुछ जगेगा, आदमी नये सिरे से उठेगा और फिर मिलेगा।

कविता की मौत

•

धर्मवीर भारती

लाद कर ये आज किस का शव चले?
और उस छतनार बरगद के तले
किस अभागिन का जनाज़ा है रुका
बैठ इस के पाँयते, गरदन झुका
        कौन कहता है कि कविता मर गयी?
मर गयी कविता नहीं तुम ने सुना?
हाँ, वही कविता कि जिस की आग से
सूरज बना
धरती जमी
बरसात लहरायी
और जिस की गोद में बेहोश पुरवाई
पँखुरियों पर जमी,
        वही कविता,
                विष्णुपद से जो निकल
                और ब्रह्मा के कमण्डल से उबल
                बादलों की तहों को झकझोरती
                चाँदनी के रजत-फूल बटोरती
                शम्भु के कैलास पर्वत को हिला
उतर आयी आदमी की जमीं पर
चल पड़ी फिर मुसकराती
शस्य श्यामल, फूल-फल, फ़सलें खिलाती

स्वर्ग से पाताल तक जो एक धारा बन बही
पर न आखिर एक दिन वह भी रही
मर गयी कविता वहीं
एक तुलसी पत्र औ' दो बूँद गंगा जल बिना
मर गयी कविता नहीं तुम ने सुना?
भूख ने उस की जवानी तोड़ दी
उस अभागिन की अछूती माँग का सिन्दूर
मर गया बन कर तपेदिक का मरीज
और सितारों से कहीं मासूम सन्तानें,
माँगने को भीख हैं मजबूर!
या पटरियों के किनारे से उठा
बेचते हैं, अधजले
कोयले!
याद आती है मुझे
भागवत की वह बड़ी मशहूर बात
जब कि ब्रज की एक गोपी
बेचने को दही निकली
औ' कन्हैया की रसीली याद में
बिसर कर सुध-बुध
बन गयी थी खुद दही;
और ये मासूम बच्चे भी
बेचने जो कोयला निकले
बन गये खुद कोयले!
श्याम की माया!
और अब वे कोयले भी हैं अनाथ
क्योंकि उन का भी सहारा चल बसा!
भूख ने उन की जवानी तोड़ दी
यों बड़ी ही नेक थी कविता
मगर धनहीन थी, कमजोर थी
और बेचारी गरीबन मर गयी!

मर गयी कविता
जवानी मर गयी
मर गया सूरज, सितारे मर गये
मर गये सौन्दर्य सारे मर गये
सृष्टि के आरम्भ से चलती हुई
प्यार की साँस पर पलती हुई
आदमीयत की कहानी मर गयी
झूठ है यह
आदमी इतना नहीं कमजोर है
पलक के जल और माथे के पसीने से
सींचता आया सदा जो स्वर्ग की भी नींव
झूठ है यह
ये परिस्थितियाँ बना देंगी उसे निर्जीव?
फिर उठेगा आदमी
और सूरज को मिलेगी रोशनी
सितारों को जगमगाहट मिलेगी
कफन में लिपटे हुए सौन्दर्य को
फिर किरन की नरम आहट मिलेगी
फिर उठेगा वह
और बिखरे हुए सारे स्वर समेट
पोंछ उनसे खून
फिर बुनेगा नयी कविता का वितान
नये मनु के नये युग का जगमगाता गान!
भूख, खूँरेजी, गरीबी हो मगर
आदमी के सृजन की ताकत
इन सबों की शक्ति के ऊपर
और कविता सृजन की आवाज है!
फिर उभर कर कहेगी कविता—
"क्या हुआ दुनिया अगर मरघट बनी
अभी मेरी आखिरी आवाज बाकी है

हो चुकी हैवानियत की इन्तेहा
आदमीयत का मगर आगाज़ बाकी है!
लो तुम्हें मैं फिर नया विश्वास देती हूँ
नया इतिहास देती हूँ
कौन कहता है कि कविता मर गयी?"

भवानी प्रसाद मिश्र

छायावादोत्तर कविता के सहज और लयकारी स्वर भवानी प्रसाद मिश्र का जन्म 19 मार्च, 1913 को मध्य प्रदेश के होशंगाबाद जिले में हुआ था। गाँधीवाद के विचारक के रूप में प्रसिद्ध भवानी प्रसाद मिश्र, दूसरे तार सप्तक के प्रमुख कवि हैं। वे जनवादी चेतना के कवि भी हैं। उनकी कविता में श्रम का महत्त्व पाया जाता है। कवि की सहज अन्तर्दृष्टि के कारण सूक्ष्म-से-सूक्ष्म वास्तविक चित्रण उनकी कविताओं में मिलता है। उनकी कविताओं में मनुष्य के अन्तर्मन के विचारों को यथार्थ के धरातल पर चित्रित किया गया है। सामाजिक तथा राजनीतिक परिवेश में व्याप्त असमानताओं का व्यंग्यात्मक चित्रण करने में वे सक्षम बने हैं। व्यंग्य के अलावा विद्रोह का स्वर भी उनकी कविताओं में अनुगूँजित होता है।

रचनाएँ— कविता संग्रह : 'गीतफ़रोश', 'चकित है', 'दुख', 'गाँधी पंचशती', 'बुनी हुई रस्सी', 'खुशबू के शिलालेख', 'त्रिकाल सन्ध्या', 'व्यक्तिगत, परिवर्तन जिए', 'अनाम तुम आते हो', 'इदम् न मम्', 'शरीर कविता : फसलें और फूल', 'मानसरोवर दिन', 'सम्प्रति', 'अँधेरी कविताएँ', 'कालजयी', 'नीली रेखा', 'तूस की आग', 'ये कोहरे मेरे हैं', दूसरा सप्तक (छह अन्य कवियों के साथ कविताएँ संकलित); बाल साहित्य : 'तुकों के खेल'; संस्मरण : 'जिन्होंने मुझे रचा'; निबन्ध : 'कुछ नीति कुछ राजनीति'; इनका स्वर्गवास 20 फरवरी, 1985 को नरसिंहपुर, मध्य प्रदेश में हुआ।

'गीत-फ़रोश'

आधुनिक कवि बाजार के अधीन होकर अपनी काव्यात्मकता को पूँजीवादी समाज के सम्मुख बेचने को विवश हो गया है। उन कवियों की तीखी आलोचना की माँग 'गीत-फ़रोश' कविता में स्पष्ट होती है। साहित्य विमुख हो रहे समाज में कवि एक

फेरी वाले की भूमिका निभाने को मजबूर हो गया है। इसलिए वे अपने गीत भी बेचने को विवश हैं। केवल आर्थिक आवश्यकताओं को पूरा करने के उद्देश्य से गीत लिखने की विवशता यहाँ स्पष्ट होती है। गुणहीन और संवेदनहीन लोगों के समक्ष उन्हें अपनी कविता बेचनी पड़ रही है। कवि-जीवन की विडम्बना पर कवि की व्यक्तिगत पीड़ा और आक्रोश 'गीत-फ़रोश' कविता में पाये जाते हैं। इस उपभोक्तावादी दुनिया में आर्थिक लालसा के कारण अपना ईमान तक लोग बेच रहे हैं। लेकिन यहाँ अपना ईमान बचाने के लिए कवि केवल अपने गीत बेच रहे हैं। वे कोई अवैध कार्य नहीं करते, बल्कि अपने पूर्ण परिश्रम द्वारा रचित गीत बेच रहे हैं। गाँधीवादी विचारधारा ही यहाँ अभिव्यक्त होती है। कविता में कवि के स्वाभिमान और विवशता का चित्रण किया गया है।

गीत-फरोश

भवानी प्रसाद मिश्र

जी हाँ हुजूर, मैं गीत बेचता हूँ।
मैं तरह-तरह के
गीत बेचता हूँ;
मैं सभी किसिम के गीत
बेचता हूँ!
जी, माल देखिए दाम बताऊँगा,
बेकाम नहीं है, काम बताऊँगा
कुछ गीत लिखे हैं मस्ती में मैंने,
कुछ गीत लिखे हैं पस्ती में मैंने
यह गीत, सख्त सरदर्द भुलायेगा
यह गीत पिया के पास बुलायेगा!
जी, पहले कुछ दिन शर्म लगी मुझ को
पर पीछे-पीछे अक्ल जगी मुझ को,
जी, लोगों ने तो बेच दिये ईमान
जी, आप न हों सुन कर ज्यादा हैरान।
मैं सोच-समझ कर आखिर
अपने गीत बेचता हूँ।
जी हाँ हुजूर, मैं गीत बेचता हूँ,
यह गीत सुबह का है, जाकर देखें,
यह गीत ग़ज़ब का है, ढा कर देखें,

यह गीत जरा सूने में लिखा था,
यह गीत वहाँ पूने में लिखा था,
यह गीत पहाड़ी पर चढ़ जाता है।
यह गीत बढ़ाये से बढ़ जाता है;
यह गीत भूख और प्यास भगाता है,
जी, यह मसान में भूख जगाता है;
यह गीत भुवाली की है हवा हुजूर
यह गीत तपेदिक की है दवा हुजूर।
मैं सीधे-सीधे और अटपटे
गीत बेचता हूँ;
जी हाँ हुजूर, मैं गीत बेचता हूँ
जी, और गीत भी हैं, दिखलाता हूँ :
जी, सुनना चाहें आप तो गाता हूँ;
जी, छन्द और बेछन्द पसन्द करें—
जी अमर गीत और वे जो तुरत मरें!
ना, बुरा मानने की इसमें क्या बात,
मैं पास रखे हूँ हूँ क़लम और दावात...
इनमें से भाये नहीं, नये लिख दूँ?
जो, नये चाहिए नहीं, गये लिख दूँ?
इन दिनों की दुहरा है कवि-धन्धा,
हैं दोनों चीज़ें व्यस्त, कमल, कन्धा।
कुछ घण्टे लिखने के, कुछ फेरी के
जी, दाम नहीं लूँगा इस देरी के।
मैं नये, पुराने सभी तरह के
गीत बेचता हूँ,
जी हाँ हुजूर, मैं गीत बेचता हूँ,
जी, गीत जनम का लिखूँ, मरन का लिखूँ;
जी, गीत जीत का लिखूँ, शरन का लिखूँ;
यह गीत रेशमी है, यह खादी का,
यह गीत पित्त का है, यह बादी का!

कुछ और डिजाइन भी हैं, यह इल्मी,
यह लीजे चलती चीज नयी, फ़िल्मी।
यह सोच-सोच कर मर जाने का गीत,
यह दुकान से घर जाने का गीत!
जी नहीं दिल्लगी की इस में क्या बात
मैं लिखता ही तो रहता दूँ दिन-रात,
तो तरह-तरह के बन जाते हैं गीत,
जी रूठ-रूठ कर मन जाते हैं गीत।
जी बहुत ढेर लग गया हटाता हूँ।
गाहक की मर्जी अच्छा जाता हूँ।
मैं बिल्कुल अन्तिम और दिखाता हूँ
या भीतर जाकर पूछ आइए, आप।
है गीत बेचना वैसे बिल्कुल पाप;
क्या करूँ मगर लाचार हार कर
गीत बेचता हूँ!
जी हाँ हुजूर, मैं गीत बेचता हूँ।

सर्वेश्वर दयाल सक्सेना

कवि सर्वेश्वर दयाल सक्सेना का जन्म 15 सितम्बर, 1927 को उत्तर प्रदेश के बस्ती जिले में हुआ था।

ये 'तीसरा सप्तक' के अन्तिम कवि हैं। उन्होंने संवेदन एवं आक्रोश को कविता का विषय बनाया है। कविता के माध्यम से जर्जर मान्यताओं और गिरे हुए मूल्यों का विरोध किया। जीवन के यथार्थ को विचार एवं चिन्तन के माध्यम से प्रस्तुत किया। प्रयोगों में आस्था एवं विश्वास रखे। जीवन के दर्द एवं पराजय, सामाजिक असमानता, प्रजातन्त्र का खोखलापन, सामाजिक विसंगतियाँ और विडम्बनाओं को काव्य में उभारा है।

रचनाएँ—'काठ की घण्टियाँ', 'बाँस का पुल', 'एक सूनी नाव', 'गर्म हवाएँ', 'कुआनो नदी', 'जंगल का दर्द', 'खूँटियों पर टँगे लोग', 'क्या कह कर पुकारूँ', 'कोई मेरे साथ चले' (कविता संग्रह); 'बतूता का जूता', 'महँगू की टाई', 'भों-भों खों-खों', 'लाख की नाक' (बाल साहित्य); 'सूने चौखटे' (उपन्यास) 'पागल कुत्तों का मसीहा', 'सोया हुआ जल' (लघु उपन्यास); 'बकरी', 'लड़ाई', 'अब गरीबी हटाओ', 'कल भात आयेगा', 'हवालात' (नाटक); 'कुछ रंग कुछ गन्ध' (यात्रा-संस्मरण); कविता-संग्रह 'खूँटियों पर टँगे लोग' के लिए उन्हें 1983 के साहित्य अकादेमी पुरस्कार से सम्मानित किया गया। सर्वेश्वर दयाल सक्सेना की मृत्यु 24 सितम्बर, 1983 में हुई।

'मैंने कब कहा'

यह, नये कवि का घोषणा-पत्र है। भावुकता से विवेक को आच्छादित करके वह यथार्थ को ढकता नहीं और न कविता को मनोरंजन के लिए मानता भी है। वह तो जीवन की वास्तविकता को अपनी कविता के माध्यम से सम्प्रेषित करना चाहता

है, टीस उत्पन्न करना चाहता है। सब वे ही करते हैं जो यथार्थ का दर्शन नहीं कर पाते।

इन्सानी सरोकार कविता की पहली शर्त है। जिन्दगी का गीत गाना सृजन की महती आकांक्षा है जो शोषण के खिलाफ हमें ललकारती है। कवि कर्म युग जागरण का ऐसा गीत प्रस्तुत करता है कि सारा विश्व जाग्रत हो उठे। मानवीय चेतना को ऊर्जा और ऊष्मा दी है। यह कवि कर्म की जागरूगता है। आज के आदमी से जुड़े हुए प्रश्नों को कवि लोरी गाकर सुलाना नहीं चाहते हैं, बल्कि प्रशंसा करते हैं, खरा उतरते हैं, जगाते हैं, सोचने के लिए विवश करते हैं। जीवन की सच्चाई पर चिन्तन-मनन करने वाला कवि हमारे भीतर निष्पन्न कर सकता है, कविता इसका प्रमाण है। एक ठोस समझ हमारे दिल और दिमाग में छोड़ देता है।

मैंने कब कहा

•

सर्वेश्वर दयाल सक्सेना

मैंने कब कहा
कोई मेरे साथ चले
चाहा ज़रूर!

अक्सर दरख्तों के लिए
जूते सिलवा लाया
और उनके पास खड़ा रहा
वे अपनी हरियाली
अपने फूल फूल पर इतराते
अपनी चिड़ियों में उलझे रहे

मैं आगे बढ़ गया
अपने पैरों को
उनकी तरह
जड़ में नहीं बदल पाया

यह जानते हुए भी
कि आगे बढ़ना
निरन्तर कुछ खोते जाना
और अकेले होते जाना है

मैं यहाँ तक आ गया हूँ
जहाँ दरख़्तों की लम्बी छायाएँ
मुझे घेरे हुए हैं....

किसी साथ के
या डूबते सूरज के कारण
मुझे नहीं मालूम
मुझे
और आगे जाना है
कोई मेरे साथ चले
मैंने कब कहा
चाहा ज़रूर!

रघुवीर सहाय

रघुवीर सहाय का जन्म 9 दिसम्बर, 1929 को लखनऊ में हुआ था। दूसरे सप्तक के कवि रघुवीर सहाय आधुनिक कवि हैं और आधुनिक जीवन एवं समाज से जुड़े रहे हैं। बौद्धिक आत्मानुभूति और मानसिक द्वन्द्व उनकी कविताओं में अधिकता से व्याप्त हैं। आपका रुझान यथार्थवादी है, आम जनता का दुख-दर्द उनकी कविता का कलेवर है।

रचनाएँ—'दूसरा सप्तक', 'सीढ़ियों पर धूप में', 'आत्महत्या के विरुद्ध', 'हँसो हँसो जल्दी हँसो' (कविता संग्रह); 'रास्ता इधर से है' (कहानी संग्रह); 'दिल्ली मेरा परदेश' और 'लिखने का कारण' (निबन्ध संग्रह)।

इनकी मृत्यु 30 दिसम्बर, 1990 को दिल्ली में हुई थी।

'स्वाधीन व्यक्ति'

कविता में कवि ने समकालीन साहित्यिक और सामाजिक परिदृश्य को उभारा है। उन्होंने अपनी कविता में साधारण जीवन को केन्द्र में रखा है। उनमें प्रबन्ध या लम्बी कविता का वितान नहीं है, लेकिन जीवन का विस्तार और वैविध्य है। मनुष्य और मनुष्य, मनुष्य और प्रकृति, प्रकृति तथा राजनीति के विभिन्न तल के संकीर्ण टकराहट को सहज ढंग से कवि ने आविष्कार किया है। यह वह परिदृश्य है, जहाँ कवि जीता है। जीवन के प्रति कृतज्ञता और सार्थकता का बुनियादी भाव इसकी अन्तर्धारा की तरह व्याप्त है। शब्द और चित्र साधारण मध्यवर्गीय जीवन से लिए गये हैं। मध्यवर्ग जो कवि की आस्था और जीवन प्रियता का स्रोत रहा है।

यों 'क्रोध' और 'न्योछावर' की भंगिमा मिलकर जनता के प्रति रघुवीर सहाय की दृष्टि को परिभाषित करते हैं। समाज में जितने भी त्रस्त, शोषित, पीड़ित, असहाय लोग हैं, उन सब का चित्रण उनकी कविता में है।

स्वाधीन व्यक्ति

•

रघुवीर सहाय

इस अँधेरे में कभी-कभी
दीख जाती है किसी की कविता
चौंध में दिखता है एक और कोई कवि

हम तीन कम-से-कम हैं, साथ हैं।

आज हम
बात कम काम ज्यादा चाहते हैं
इसी क्षण
मारना या मरना चाहते हैं और एक बहुत बड़ी आकाँक्षा से डरना चाहते हैं
ज़िलाधीशों से नहीं

कुछ भी लिखने से पहले हँसता और निराश
होता हूँ मैं
कि जो मैं लिखूँगा वैसा नहीं दिखूँगा
दिखूँगा या तो
रिरियाता हुआ
या गरजता हुआ
किसी को पुचकारता
किसी को बरजता हुआ
अपने में अलग सिरजता हुआ कुछ अनाथ

मूल्यों को
नहीं मैं दिखूँगा।

खण्डन लोग चाहते हैं या कि मण्डन
या फिर केवल अनुवाद लिसलिसाता भक्ति से
स्वाधीन इस देश में चौंकते हैं लोग
एक स्वाधीन व्यक्ति से

बहुत दिन हुए तब मैंने कहा था लिखूँगा नहीं
किसी के आदेश से
आज भी कहता हूँ
किन्तु आज पहले से कुछ और अधिक बार
बिना कहे रहता हूँ
क्योंकि आज भाषा ही मेरी एक मुश्किल नहीं रही

एक मेरी मुश्किल है जनता
जिससे मुझे नफरत है सच्ची और निस्संग
जिस पर कि मेरा क्रोध बार-बार न्योछावर होता है

हो सकता है कि कोई मेरी कविता आखिरी कविता हो जाये
मैं मुक्त हो जाऊँ
ढोंग के ढोल जो डुण्ड बजाते हैं उस हाहाकार में
यह मेरा अट्टहास ज्यादा देर तक गूँजे खो जाने के पहले
मेरे सो जाने के पहले
उलझन समाज की वैसी ही बनी रहे

हो सकता है कि लोग-लोग मार तमाम लोग
जिनसे मुझे नफरत है मिल जायें, अहंकारी
शासन को बदलने के बदले अपने को
बदलने लगें और मेरी कविता की नकलें

अकविता जायें। बनिया बनिया रहे
बाम्हन बाम्हन और कायथ कायथ रहे
पर जब कविता लिखे तो आधुनिक
हो जाये। खीसें बा दे जब कहो तब गा दे।

हो सकता है कि उन कवियों में मेरा सम्मान न हो
जिनके व्याख्यानों से सम्राज्ञी सहमत हैं
घूर पर फुदकते हुए सम्पादक गद्‌गद हैं
हो सकता है कि कल जब कि अँधेरे में दिखे
मेरा कवि बन्धु मुझे
वह न मुझे पहचाने, मैं न उसे पहचानूँ।

हो सकता है कि यही मेरा योगदान हो कि
भाषा का मेरा फल जो चाहे मेरी हथेली से खुशी से चुग ले।

अन्याय तो भी खाता रहे मेरे प्यारे देश की देह।

धूमिल

सुदामा पाण्डेय 'धूमिल' का जन्म 09 नवम्बर, 1936 को वाराणसी जिले के खेवली गाँव में हुआ था। स्वतन्त्रता के बाद देश में फैली अव्यवस्था, राजनीतिक विद्रूपताओं, विसंगतियों तथा आम जनता के जीवन की विडम्बनाओं के प्रति आक्रोश और विद्रोह धूमिल की कविताओं में स्पष्टत: दिखाई देते हैं। सामाजिक रूढ़ियों पर व्यंग्यात्मक प्रहार करने में उन्हें कोई संकोच नहीं था। उनकी कविताएँ नैतिक जिन्दगी की तलाश करती हैं। एक आजाद देश में रहने वाली आम जनता की भौतिक और मानसिक पीड़ाओं, जीवन की विडम्बनाओं तथा उनके मोहभंग को लेकर, निर्भीक होकर तत्कालीन सामाजिक व्यवस्था पर प्रहार किया है।

रचनाएँ— कविता संग्रह–'संसद से सड़क तक' 'कल सुनना मुझे', 'सुदामा पाण्डेय का प्रजातन्त्र' 'धूमिल समग्र रचनाएँ' (तीन खण्डों में)।

इनकी मृत्यु ब्रेन ट्यूमर के कारण 10 फरवरी, 1975 को 39 वर्ष की उम्र में हो गयी।

'मोचीराम'

'मोचीराम' कविता के मोचीराम की निगाह में हर आदमी एक जोड़ी जूता है। अर्थात् उसकी दृष्टि में सभी लोग समान हैं। समाज के उच्च वर्ग की चालाकी को मोचीराम अच्छी तरह जानता हैं लेकिन आम जनता अपने सीमित दायरे में ही रहती है। मोचीराम आमजन का प्रतिनिधि है। समाज के निचले एवं शोषित हिस्से पर उसे विश्वास है।

कविता में मोची सामन्तवादी, पूँजीवादी, साम्राज्यवादी व्यवस्था का विरोध करता है। इस व्यवस्था ने आम आदमी के खून को चूस लिया है और खुद को समृद्ध बना दिया है। मोची इस शोषित तथा दमनकारी व्यवस्था का विरोध करता है।

एक व्यवस्था में समस्त जनता सुखी एवं समृद्ध रहती है। तो दूसरी व्यवस्था में आम जनता यानी लोक अनेक प्रकार की समस्याओं और संघर्षों का सामना करती है।

'मोचीराम' कविता व्यवस्था का तीव्र विरोध करने वाली सशक्त कविता है। कविता का मोची सामान्य जनता की भावनाओं, आकांक्षाओं, दुख, दर्द, पीड़ाओं को समझता है और इनके विरुद्ध क्रान्ति की प्रेरणा भी देता है।

मोचीराम

•

धूमिल

राँपी से उठी हुई आँखों ने मुझे
क्षण-भर टटोला
और फिर
जैसे पतियाये हुए स्वर में
वह हँसते हुए बोला—
बाबूजी सच कहूँ—मेरी निगाह में
न कोई छोटा है
न कोई बड़ा है
मेरे लिए, हर आदमी एक जोड़ी जूता है
जो मेरे सामने
मरम्मत के लिए खड़ा है।

और असल बात तो यह है
कि वह चाहे जो है
जैसा है, जहाँ कहीं है
आजकल
कोई आदमी जूते की नाप से
बाहर नहीं है
फिर भी मुझे ख़याल रहता है
कि पेशेवर हाथों और फटे जूतों के बीच
कहीं न कहीं एक आदमी है

जिस पर टाँके पड़ते हैं,
जो जूते से झाँकती हुई अँगुली की चोट छाती पर
हथौड़े की तरह सहता है।

यहाँ तरह-तरह के जूते आते हैं
और आदमी की अलग-अलग 'नवैयत'
बतलाते हैं
सबकी अपनी-अपनी शक्ल है
अपनी-अपनी शैली है
मसलन एक जूता है :
जूता क्या है—चकतियों की थैली है
इसे एक आदमी पहनता है
जिसे चेचक ने चुग लिया है
उस पर उम्मीद को तरह देती हुई हँसी है
जैसे 'टेलीफ़ून' के खम्भे पर
कोई पतंग फँसी है
और खड़खड़ा रही है।

'बाबूजी! इस पर पैसा क्यों फूँकते हो?'
मैं कहना चाहता हूँ
मगर मेरी आवाज लड़खड़ा रही है
मैं महसूस करता हूँ—भीतर से
एक आवाज़ आती है—'कैसे आदमी हो
अपनी जाति पर थूकते हो।'
आप यक़ीन करें, उस समय
मैं चकतियों की जगह आँखें टाँकता हूँ
और पेशे में पड़े हुए आदमी को
बड़ी मुश्किल से निबाहता हूँ।

एक जूता और है जिससे पैर को
'नाँघकर' एक आदमी निकलता है

सैर को
न वह अक्लमन्द है
न वक्त का पाबन्द है
उसकी आँखों में लालच है
हाथों में घड़ी है
उसे जाना कहीं नहीं है
मगर चेहरे पर
बड़ी हड़बड़ी है
वह कोई बनिया है
या बिसाती है
मगर रोब ऐसा कि हिटलर का नाती है
'इशे बाँद्धो, उशे काट्टो, हियाँ ठोक्को, वहाँ पीट्टो
घिस्सा दो, अइशा चमकाओ, जूत्ते को ऐना बनाओ,
'...ओफ्फ! बड़ी गर्मी है'
रुमाल से हवा करता है,
मौसम के नाम पर बिसूरता है
सड़क पर 'आतियों-जातियों' को
बानर की तरह घूरता है
गरज यह कि घण्टे भर खटवाता है
मगर नामा देते वक्त
साफ 'नट' जाता है
'शरीफों को लूटते हो' वह गुर्राता है
और कुछ सिक्के फेंककर
आगे बढ़ जाता है
अचानक चिंहुककर सड़क से उछलता है
और पटरी पर चढ़ जाता है
चोट जब पेशे पर पड़ती है
तो कहीं-न-कहीं एक चोर कील
दबी रह जाती है
जो मौका पाकर उभरती है
और अँगुली में गड़ती है।

मगर इसका मतलब यह नहीं है
कि मुझे कोई गलतफहमी है
मुझे हर वक्त यह ख़याल रहता है कि जूते
और पेशे के बीच
कहीं-न-कहीं एक अदद आदमी है
जिस पर टाँके पड़ते हैं
जो जूते से झाँकती हुई अँगुली की चोट
छाती पर
हथौड़े की तरह सहता है
और बाबूजी! असल बात तो यह है कि जिन्दा रहने के पीछे
अगर सही तर्क नहीं है
तो रामनामी बेचकर या रण्डियों की
दलाली करके रोजी कमाने में
कोई फर्क नहीं है
और यही वह जगह है जहाँ हर आदमी
अपने पेशे से छूटकर
भीड़ का टमकता हुआ हिस्सा बन जाता है
सभी लोगों की तरह
भाषा उसे काटती है
मौसम सताता है
अब आप इस बसन्त को ही लो,
यह दिन को ताँत की तरह तानता है
पेड़ों पर लाल-लाल पत्तों के हजारों सुखतल्ले
धूप में, सीझने के लिए लटकाता है
सच कहता हूँ—उस समय
राँपी की मूठ को हाथ में सँभालना
मुश्किल हो जाता है
आँख कहीं जाती है
हाथ कहीं जाता है
मन किसी झुँझलाये हुए बच्चे-सा
काम पर आने से बार-बार इनकार करता है

लगता है कि चमड़े की शराफत के पीछे
कोई जंगल है जो आदमी पर
पेड़ से वार करता है
और यह चौंकने की नहीं, सोचने की बात है
मगर जो ज़िन्दगी को किताब से नापता है
जो असलियत और अनुभव के बीच
खून के किसी कमजात मौके पर कायर है
वह बड़ी आसानी से कह सकता है
कि यार! तू मोची नहीं, शायर है
असल में वह एक दिलचस्प गलतफहमी का
शिकार है
जो वह सोचता कि पेशा एक जाति है
और भाषा पर
आदमी का नहीं, किसी जाति का अधिकार है
जबकि असलियत यह है कि आग
सबको जलाती है सच्चाई
सबसे होकर गुजरती है
कुछ हैं जिन्हें शब्द मिल चुके हैं
कुछ हैं जो अक्षरों के आगे अन्धे हैं
वे हर अन्याय को चुपचाप सहते हैं
और पेट की आग से डरते हैं
जबकि मैं जानता हूँ कि 'इनकार से भरी हुई एक चीख'
और 'एक समझदार चुप'
दोनों का मतलब एक है—
भविष्य गढ़ने में, 'चुप' और 'चीख'
अपनी-अपनी जगह एक ही किस्म से
अपना-अपना फर्ज अदा करते हैं।

केदारनाथ सिंह

केदारनाथ सिंह का जन्म 7 जुलाई, 1934 को उत्तर प्रदेश के बलिया जिले के चकिया गाँव में हुआ था। 'मैं मन को बराबर खुला रखने की कोशिश करता हूँ, ताकि वह आसपास के जीवन की हल्की आवाज को भी प्रतिध्वनि कर सके। समाज के प्रगतिशील तत्त्वों और मानव के उच्चतर मूल्यों की परख मेरी रचनाओं में आ सकी है या नहीं, मैं नहीं जानता। पर उनके प्रति मेरे भीतर एक विश्वास, एक लपट ज़रूर है, जिसे मैं हर प्रतिकूल झोंके से बचाने की कोशिश करता हूँ' ('तीसरा सप्तक' में अपनी कविताओं और कविता के बारे में कवि का वक्तव्य है।)

यह कविता के रूप में ही नहीं उनके प्रयोजन के प्रति भी सचेतन कवि का वक्तव्य है। उन्होंने मनुष्य जीवन की सभी गतिविधियों को उसी आत्मीयता से देखा है। जीवन की मामूली घटनाओं को जीवन में स्थान दिया। उन्हें मानवीय प्रेम के प्रति ललक और प्रेम के ठोस आधार पर भरोसा भी है। उसी कुशलता एवं सहजता से जीव-सन्दर्भों को, संघर्ष को कविताओं में रूपायित किया है। प्रगतिशील केदार जी असंगतियों, अन्तर्विरोधों का शिकार भी नहीं हुए हैं।

उनके लिए कविता, हाथ की तरफ/उठा हुआ हाथ/देह की तरफ/झुकी हुई आत्मा तो है/मृत्यु की तरफ/घूरती हुई आत्मा तो है। भाषा और शिल्प के प्रति अतिरिक्त सजगता उनमें है। बिम्ब विधान को कविता में अधिक महत्त्व दिया है। उनके बिम्ब कविता के विषय को मूर्त, ग्राह्य, संक्षिप्त और दीप्त बनाते हैं। प्रकृति ही उनके भावों का आलम्बन रहा है यानी उनकी भाषिक जागरूकता और आधारिकता अनन्य है। केदारनाथ सिंह नवीन बिम्बों के कवि हैं। ग्राम्य जीवन के कुशल कवि केदारनाथ सिंह बिम्ब, चित्र और प्रतीक के कवि हैं। उन्होंने अपनी कविताओं में युगीन परिवेश की सार्थक अभिव्यक्ति की।

रचनाएँ— कविता संग्रह—'अभी बिल्कुल अभी' (1960), 'जमीन पक रही है' (1980), 'यहाँ से देखो' (1983), 'बाघ' (1996), 'अकाल में सारस' (1988), 'उत्तर कबीर और अन्य कविताएँ' (1995), 'ताल्स्ताय और साइकिल' (2005) और 'सृष्टि पर पहरा' (2014); आलोचना—'कल्पना और छायावाद', 'आधुनिक हिन्दी कविता में बिम्बविधान', 'मेरे समय के शब्द', 'मेरे साक्षात्कार'।

सम्पादन—'ताना-बाना' (आधुनिक भारतीय कविता से एक चयन), 'समकालीन रूसी कविताएँ', 'कविता दशक', 'साखी' (अनियतकालिक पत्रिका) और 'शब्द' (अनियतकालिक पत्रिका)।

19 मार्च, 2018 को दिल्ली में इनका निधन हो गया।

'अकाल में सारस'

आधुनिक पारिस्थितिक बोध शाखा-उपशाखाओं से विकसित हो रहा है। यह जैव पर्यावरण, पर्यावरण नैतिकता, हरित आध्यात्मिकता आदि अनेक चिन्तन पर जोर देने लगा है। पर्यावरण नैतिकता के केन्द्र में एक प्रमुख सवाल है 'धरती का अधिकार किस पर है' विकास के वर्तमान दौर में यह सवाल विचारणीय है। पूर्वजों के दिलो-दिमाग़ में यह प्रश्न नहीं था। क्योंकि उनके लिए प्रकृति सहचरी रही थी। लेकिन विकास की वर्तमान अवधारणा ने अपना रंग दिखाना आरम्भ किया। जल, जंगल, ज़मीन पर अपना अधिकार स्थापित करने लगा तो हिन्दी कविता ने प्रतिरोध का रूप धारण किया है। वह प्रतिरोध 'अकाल में सारस' कविता की केन्द्रीय अन्तर्वस्तु है। सारस पक्षी की आँखों की नफरत के रूप में पारिस्थितिक असन्तुलन की खौफनाक स्थिति को कवि ने खींचा है।

अकाल में सारस

●

केदारनाथ सिंह

तीन बजे दिन में
आ गये वे
जब वे आये
किसी ने सोचा तक नहीं था
कि ऐसे भी आ सकते हैं सारस

एक के बाद एक
वे झुंड के झुंड
धीरे-धीरे आये
धीरे-धीरे वे छा गये
सारे आसमान में
धीरे-धीरे उनके क्रेंकार से भर गया
सारा का सारा शहर

वे देर तक करते रहे
शहर की परिक्रमा
देर तक छतों और बारजों पर
उनके डैनों से झरती रही
धान की सूखी
पत्तियों की गन्ध

अचानक
एक बुढ़िया ने उन्हें देखा
ज़रूर-ज़रूर
वे पानी की तलाश में आये हैं
उसने सोचा

वह रसोई में गयी
और आँगन के बीचोबीच
लाकर रख दिया
एक जल-भरा कटोरा

लेकिन सारस
उसी तरह करते रहे
शहर की परिक्रमा
न तो उन्होंने बुढ़िया को देखा
न जल भर कटोरे को

सारसों को तो पता तक नहीं था
कि नीचे रहते हैं लोग
जो उन्हें कहते हैं सारस

पानी को खोजते
दूर-देसावर से आये थे वे

सो, उन्होंने गर्दन उठाई
एक बार पीछे की ओर देखा
न जाने क्या था उस निगाह में
दया कि घृणा
पर एक बार जाते-जाते
उन्होंने शहर की ओर मुड़कर
देखा ज़रूर

फिर हवा में
अपने डैने पीटते हुए
दूरियों में धीरे-धीरे
खो गये सारस।

लीलाधर जगूड़ी

लीलाधर जगूड़ी का जन्म तत्कालीन उत्तर प्रदेश के टिहरी गढ़वाल (अब उत्तराखण्ड) में 1 जुलाई, 1944 को हुआ था।

उन्होंने समकालीन जन-जीवन के विभिन्न परिप्रेक्ष्यों को अपनी रचनाओं द्वारा अभिव्यक्त किया है। उन्होंने भाषा का सर्वाधिक नवीन प्रयोग किया है। अनुभवों के आधार पर जीवन-यथार्थ का वास्तविक चित्र उकेरने में वे सक्षम बने हैं। भावुकता के बदले परिवेशगत सच्चाइयों को उन्होंने पेश किया है। वैश्वीकरण के माहौल में दुनिया में आये बदलावों तथा सारी विद्रूपताओं पर प्रहार किया है। साठ के बाद के दशकों की तत्कालीन प्रवृत्तियाँ उनकी कविताओं में मिलती हैं। स्वातन्त्र्योत्तर भारत की सामाजिक, सांस्कृतिक, आर्थिक एवं राजनीतिक समस्याओं को अपने नये प्रयोगों द्वारा उन्होंने प्रस्तुत किया है।

रचनाएँ— काव्य-संग्रह—'शंखमुखी शिखरों पर' (1964), 'नाटक जारी है' (1972), 'इस यात्रा में' (1974), 'रात अब भी मौजूद है' (1976), 'बची हुई पृथ्वी' (1977), 'घबराये हुए शब्द' (1981), 'भय भी शक्ति देता है' (1991), 'अनुभव के आकाश में चाँद' (1994), 'महाकाव्य के बिना' (1995), 'ईश्वर की अध्यक्षता में' (1999), 'जितने लोग उतने प्रेम' (2013), 'ख़बर का मुँह विज्ञापन से ढका है' (2014); नाटक—'पाँच बेटे'; निबन्ध-संग्रह—'रचना प्रक्रिया से जूझते हुए'।

'विज्ञापन सुन्दरी'

बाजारवाद ने हर एक वस्तु के लिए माँग पैदा करने का एक नया तरीका अपनाया है और वह है विज्ञापन। हर चीज के लिए बाजार तैयार करना विज्ञापनों का प्रमुख लक्ष्य है। 'विज्ञापन सुन्दरी' कविता उपभोक्तावादी दुनिया द्वारा स्त्री के शारीरिक सौन्दर्य के बाजारीकरण का खुलासा करती है। विश्व सुन्दरी ही नहीं, गलियों की

स्त्रियाँ भी विज्ञापन की दुनिया के चंगुल में फँस चुकी हैं। ये विज्ञापन, स्त्री-संवेदना को नहीं तलाशते, उनका उद्देश्य केवल बाजार का संरक्षण करना है। दुनिया की बहुराष्ट्रीय कम्पनियों ने स्त्री के सौन्दर्य का व्यवसायीकरण करने के लिए विज्ञापनों का सहारा लिया है। बाजार एवं विज्ञापनों की दुनिया ने स्त्री को अपनी इच्छा के अनुसार जीने के अधिकार से वंचित कर रखा है। स्त्री गुलामी का आधुनिक संस्करण ही विज्ञापन-संस्कृति द्वारा रूपायित हुआ है। विज्ञापनों ने स्त्री को नये रूप में बाजारीकृत किया है। मानवीय संवेदनाओं को यहाँ कोई स्थान नहीं है। केवल आर्थिक दृष्टि से स्त्री को प्रस्तुत किया जाता है। प्रतिस्पर्धा एवं मुनाफे पर आधारित समकालीन बाजारीकृत संस्कृति को विज्ञापन सुन्दरी कविता द्वारा अभिव्यक्त किया गया है। स्त्री को मानव के रूप में नहीं, बल्कि व्यापार एवं विज्ञापन की वस्तु या प्रॉडक्ट के रूप में ही देखा जाता है। इसी यथार्थ का चित्रण लीलाधर जगूड़ी ने 'विज्ञापन सुन्दरी' कविता द्वारा किया है।

विज्ञापन सुन्दरी

●

लीलाधर जगूड़ी

विज्ञापन सुन्दरी द्वारा प्रस्तुत करने योग्य बनाया जायेगा इस जीवन को
हमको इसमें क्या देखना क्या समझना है,
एक तो यह कि जीवन और ज़रूरतों के हम कितने शिकार हैं
दूसरा यह कि कितना हम शिकार कर पाते हैं समस्याओं का
तीसरा यह कि विज्ञापन सुन्दरी द्वारा प्रस्तुत करने योग्य
क्या है हमारे जीवन में?
यह तो बाजार है जिसे अपने विज्ञापन के लिए
विश्वसुन्दरी की भी ज़रूरत है
वरना विश्वसुन्दरी की भी क्या ज़रूरत है
विज्ञापन सुन्दरी द्वारा प्रस्तुत करने योग्य जीवन में
कितने अनुपयोगी और कितने अदर्शनीय हैं हम
हमारे अप्रस्तुत जीवन में हर वक्त प्रस्तुत हैं।
गोबर थापती, उपले पाथती गरीब गबरू औरतें
उत्पीड़ित कमाऊ बच्चों की अस्थायी नींद और स्थायी बीमारियाँ
जो सफल और सभ्य समाज में
साबुन, पाउडर, क्रीम और हिंसक खिलौनों में बदल जाती हैं
जिन्हें पुरानी स्त्री के मैल से पैदा नयी स्त्रियाँ बेचती हैं
क्योंकि नयी स्त्रियाँ ही आर्थिक स्त्रियाँ मान ली गयी हैं
इनका विवेक प्रायोजित विवेक है
कौन नहीं चाहता कि लम्बी छरहरी और वाक्पटु लड़कियाँ हों
युद्ध स्तर पर बौद्धिक होने का अत्याचार सहे बिना शारीरिक

सौष्ठव में बौद्धिक सौन्दर्य लड़कों का भी जाँचना नहीं चाहिए।
मैल कितना उत्पादक हो सकता है यह साबुनों और
डिटर्जेंट पाउडरों के बीच हो रहे युद्ध से जाना जा सकता है
जिन्हें सौन्दर्य के मैनेजर अधिक सुन्दर दामों पर बेचने की होड़ में हैं
पसीने से बचने के हजार उपाय करते हुए जीना
और फिर पसीना निकालने के लिए महँगी मशीन पर व्यायाम करना
अपव्यय नहीं बल्कि व्ययशक्ति और क्रयशक्ति का मामला है
वायुशक्ति में साँस लेते-लेते क्षीण होती हुई आयुशक्ति
उस सुन्दर स्त्री की भी समस्या है
कम्पनियों की कठपुतलियाँ विज्ञापन सुन्दरियाँ
एक अकर्मण्य-सा परिधान बेचती हैं
एक अस्वीकार्य-सा वस्त्र स्वीकार्य करवाती हैं
कम लम्बाई वालों के बीच ज्यादा लम्बी-लम्बी बेजोड़ स्त्रियाँ
जिनमें बौद्धिक सौन्दर्य की तलाश उन्हें अबौद्धिक मान लेने से हुई है
ये स्वत:स्फूर्त सौन्दर्य की धनी भरोसे की स्त्रियाँ नहीं हैं
वह स्त्री कहाँ है जो इस ड्रेस की डिजाइनर है
वह कैंची के बराबर कैंची जैसी चलती स्त्री कहाँ है
जो समझती है देह दर्शन उसके जीवन का दर्शन नहीं
जो समझे बैठी है सिर्फ मुख का सौन्दर्य गया सुख का सौन्दर्य गया
कहाँ हैं वे कोठरियाँ जिनमें दर्जनों दर्जी स्त्रियाँ
सौन्दर्य परिधानों पर सौ-सौ सिलाइयाँ डालने के बाद भी
अपने जीवन की एक धज्जी नहीं सिल पातीं
प्रसव पीड़ा से गुजरी हुई माताएँ कहाँ हैं?
विज्ञापन सुन्दरियाँ
सुरक्षित बच्चों का खेलकूद और उनकी ड्रेसें बताती हैं
उनके खान-पान उनके उपहार गिनाती हैं
उनकी टॉफियाँ और चुसनियाँ बेचती हैं
हमें अपने चारों ओर के बच्चों में वह स्वास्थ्य और सुरक्षा से
पैदा हुआ सौन्दर्य क्यों नहीं दिखता?
चाभी भरी हुई संयोजित सुन्दरियाँ
अपने विज्ञापन के लिए पाना चाहती हैं

अधिकतम अनाथ और विकलांग बच्चे
दूसरी ओर
एक विज्ञापन आता है कि शिशुओं को स्तनों से ही दूध पिलायें
और संयोग देखिए
इसे विश्व व्यवस्था में परिवर्तन माना जा रहा है।

अरुण कमल

अरुण कमल का जन्म 15 फरवरी, 1954 को बिहार के रोहतास जिले के नासरीगंज में हुआ था। आज कविता से यह उम्मीद की जाती है कि वह समाज के संघर्षशील व्यक्ति की अस्मिता की खोज में सहायक हो, व्यक्ति को उसकी कमजोरियों से अवगत कराये, जीर्ण समाज के उद्धार के लिए हमारे अन्दर संघर्ष का भाव जगाये और वैयक्तिकता से समष्टि भाव की ओर ले जाये। अरुण कमल की कविताएँ इन सारी प्रतिबद्धताओं से परिपूर्ण हैं। लोकमंगल की भावना से पूरित इनकी कविताएँ जीवन के सारगर्भित गीत हैं। उनकी कविताएँ सूक्ष्म अन्तर्दृष्टि और आत्मीयता को उजागर करने में पूर्णतः सक्षम हैं। उन्होंने अपने समाज की हर एक इकाई की व्याख्या एक अलग ही दृष्टि से की है। इन कविताओं का पाठ हर व्यक्ति को व्यक्तिगत दुखों से परे सृष्टि के समस्त प्राणियों के सन्ताप और दुखों को देखने के काबिल बनाता है।

रचनाएँ— कविता संग्रह—'अपनी केवल धार' (1980), 'सबूत' (1989), 'नये इलाके में' (1996), 'पुतली में संसार' (2004), 'मैं वो शंख महाशंख' (2012), 'योगफल' (2019); आलोचना–'कविता और समय' (2002), 'गोलमेज' (2009); साक्षात्कार–'कथोपकथन' (2009)।

'मुक्ति'

यह कविता एक अवकाश प्राप्त अध्यापक के माध्यम से समाज के हर मध्यवर्गीय स्कूल अध्यापक के जीवन-यथार्थ को बड़ी ही संवेदनशीलता के साथ अनावृत करती है।

अध्यापक जीवन एकदम भाग-दौड़ में गुज़रता रहता है। लेकिन वह स्वयं अपने परिवार और बच्चों को समय दे ही नहीं पाता। प्रस्तुत कविता ऐसे ही एक अध्यापक की मनोदशा का मार्मिक चित्र प्रस्तुत करती है। एक दिन यह अध्यापक पिता अपने

बच्चे की पिटाई करता है, तो वह बेटा निसंग भाव से मार सहता रहता है, तो पिता के मन में एक अपराध बोध पैदा होता है कि आज तक मैं स्वयं दूसरों के बच्चों को पढ़ाता रहा और अपने बच्चे को कभी समय नहीं दे पाया, दोष मेरा ही था।

मध्यवर्गीय स्कूल अध्यापक की ज़िन्दगी का पर्दाफ़ाश करती यह कविता सहृदय पाठकों को सोचने पर विवश कर देती है। क्या यह भाग-दौड़ हर आम स्कूल अध्यापक की नहीं है? क्या हर किसी के मन में ऐसा एक अपराध बोध जाग्रत नहीं होता? अवकाश प्राप्ति के बाद भी क्या उसे अपनी ज़िम्मेदारियों से मुक्ति मिल पाती है?

मुक्ति

अरुण कमल

आज जब पढ़ते-पढ़ाते मैंने तुझे
मारा, मेरे बच्चे
तब क्यों भर गयीं मेरी आँखें
नम क्यों हो गये मेरे नाखून तक?

तुम रोये नहीं, तुम हिले भी नहीं
बैठे रहे चुपचाप पाँव पर पाँव धरे
और मैंने देखे तुम्हारे उघरे हुए
लम्बे साँवले पाँव।

अब जब सोचता हूँ ठण्डे मन से
जब जब उतरी है बाढ़
देखता हूँ अपने ही अन्दर दुर्गन्ध और पाँक से
भरी हुई गलियाँ
टूटे मकान, ढही भित्तियाँ
देखता हूँ अपना विनाश।

दोष मेरा ही था
मैंने कभी पूछा नहीं, कैसे हो तुम
जानता भी नहीं था क्या-क्या पढ़ते हो तुम
आज जब अचानक देखा मैंने तुम

कुछ भी नहीं जानते
मेरा लड़का कुछ भी नहीं जानता

तब...
सोचो मैं कितना दुखी था
हृदय ने बाँटे थे धमनियों में जो रक्त
आज
वे ही रक्त घोंटते थे हृदय।

दोष लेकिन मेरा भी क्या था
मैं एक रिटायर्ड स्कूल मास्टर
जो सुबह से शाम तक घूमता है यहाँ से वहाँ

इस-उसके बेटे-बेटियों को ट्यूशन पढ़ाता
बैठता कैसे थोड़ी-सी देर खुद अपने बेटे के पास—
जब घर से निकलता, तुम सोये होते
जब लौटता, तुम सोये होते।

चार साल हो गये,
चार साल हो गये, अवकाश मिले—
कितना अच्छा था देखना एक भरा हुआ कमरा

सूर्यमुखी फूलों-सी सैकड़ों आँखें घूमतीं मेरे साथ
मैं खिच्चा उँगलियों में खल्लियाँ
पकड़ाता—और अगज मैं सेवा-मुक्त हूँ, आजाद;
क्या किया मैंने इस जीवन में
सयानी लड़कियाँ, बच्चे, कच्ची गृहस्थी
अभी भी ज़िन्दगी ढूँढ़ती है धुरी
अभी भी ज़िन्दगी ढूँढ़ती है मुक्ति
कहाँ अवकाश, कहाँ समाप्ति

अभी ही तो शुरू हुई ज़िन्दगी
अभी ही तो चरखे में डाली है पूनी।

क्यों उठ गये थे हाथ
आज क्यों उठे मेरे हाथ।

अनामिका

इनका जन्म 17 अगस्त, 1961 को बिहार के मुजफ्फरपुर में हुआ। अनामिका ऐसी एक रचनाकार हैं, जो भाषा के पत्थर को तोड़कर अपने आसपास के स्पेस को पारिभाषित किया है। स्पेस का विस्तारण नहीं किया बल्कि एक प्रति-दुनिया का सृजन ही किया है। हिन्दी भाषा और साहित्य की नयी राह बनायी है। स्त्री की मानवीय अस्मिता की प्रतिबद्ध लेखिका ने वर्चस्ववादी समाज को जेंडर सेंसटाइज़ किया है। आधी दुनिया को, मुँह खोलने तथा समस्या सुलझाने की प्रक्रिया प्रारम्भ होने के बीच की खाई को समझाने का अथक व सराहनीय कार्य किया है। उनका रचना-संसार उनकी बानगी है। गायत्री स्पिवाक को उद्धृत करते हुए अनामिका ने लिखा है—"जब सबऑल्टर्न अपनी स्वतन्त्र वाणी विकसित कर लेते हैं, तब वे सबऑल्टर्न रहते ही नहीं, तो उनके कहने का अभिप्राय यह कदापि नहीं लगाना चाहिए कि सबऑल्टर्न का तो मुँह खोलना ही पर्याप्त होता है। उसने मुँह खोला नहीं कि किसी दैवी शक्ति से उसकी सारी समस्याएँ धड़ाधड़ सुलझ जाने की प्रक्रिया प्रारम्भ हुई। मुँह खोलने और समस्या सुलझने का प्रारम्भ होने के बीच कितनी खाइयाँ होती हैं। यह समझना बहुत कठिन नहीं। फिर समस्याओं के निराकरण का कोई अन्तिम बिन्दु होता है, ऐसा भी नहीं है। समस्याएँ रक्तबीज की तरह नये-नये वेश में लगातार उठती, निरस्त होती रहती हैं। उठने, निरस्त होने की प्रक्रिया चूँकि अनन्त है। यह ऐसी लड़ाई है जो शुरू तो होती है, खत्म नहीं होती।" अनामिका की कविता में स्त्री की स्थिति का मानवीय दृष्टि से विचार करने की अनवरत प्रक्रिया है, वह एक लड़ाई है, समाज, संस्कृति, परम्पराएँ एवं इतिहास का पुनःपाठ करते हुए स्त्री चेतना को प्रसार करने की लड़ाई। उनकी कविता में इस लड़ाई की गूँज और अनुगूँज है।

रचनाएँ— 'अनुष्टुप' (1998), 'गलत पते की चिट्ठी' (2004), 'बीजाक्षर' (1993), 'खुरदुरी हथेलियाँ' (2004), 'अब भी वसन्त को तुम्हारी ज़रूरत है' (2004), 'दूब–धान' (2007) और 'टोकरी में दिगन्त' (2014)।

‘बेजगह’

साहित्य अकादेमी पुरस्कार से पुरस्कृत कवि अनामिका द्वारा लिखित कविता ‘बेजगह’ स्त्री समाज की हकीकत बयान कर रही है, जहाँ उनका वजूद धूमिल है। स्त्रियों के अस्तित्व एवं अस्मिता के बुनियादी सवालों से ओतप्रोत है। भारतीय पितृसत्तात्मक समाज में स्त्रियों को अपने अधिकारों एवं सम्मान से वंचित रखा है। उन्हें बचपन से ही दोयम दर्जे का पाठ पढ़ाया जाता है, ताकि यह स्थान स्वीकार करने के लिए उनकी मन:स्थिति बन जाये। बच्ची से पत्नी, माँ तक की लम्बी यात्रा में उसका अपना कोई घर नहीं होता है। पिता के घर में जन्म लेती है। लेकिन पति के घर ब्याह कर जाती है और बुढ़ापे में पुत्र के घर या वृद्ध आश्रम में। यह स्त्री समाज की खतरनाक स्थिति है।

बेजगह

•

अनामिका

"अपनी जगह से गिर कर
कहीं के नहीं रहते
केश, औरतें और नाखून"—
अन्वय करते थे किसी श्लोक का ऐसे
हमारे संस्कृत टीचर।
और मारे डर के जम जाती थीं
हम लड़कियाँ
अपनी जगह पर !

जगह ? जगह क्या होती है ?
यह, वैसे, जान लिया था हमने
अपनी पहली कक्षा में ही !
        याद था हमें एक-एक क्षण
        आरम्भिक पाठों का—
"राम, पाठशाला जा !
राधा, खाना पका!
राम, आ बताशा खा!
राधा, झाड़ू लगा !
भैया अब सोयेगा,
जाकर बिस्तर बिछा !
अहा, नया घर है !
राम, देख यह तेरा कमरा है !"

‘और मेरा ?’
“ओ पगली,
लड़कियाँ हवा, धूप, मिट्टी होती हैं
उनका कोई घर नहीं होता !”
जिनका कोई घर नहीं होता—
उनकी होती है भला कौन-सी जगह ?
कौन-सी जगह होती है ऐसी
जो छूट जाने पर
औरत हो जाती है

कटे हुए नाखूनों,
कंघी में फँस कर बाहर आये केशों-सी
एकदम से बुहार दी जाने वाली ?

घर छूटे, दर छूटे, छूट गये लोग-बाग,
कुछ प्रश्न पीछे पड़े थे, वे भी छूटे !
छूटती गयीं जगहें

लेकिन कभी भी तो नेलकटर या कंघियों में
फँसे पड़े होने का एहसास नहीं हुआ !

परम्परा से छूट कर बस यह लगता है—
किसी बड़े क्लासिक से
पासकोर्स बीए के प्रश्नपत्र पर छिटकी
छोटी-सी पंक्ति हूँ—
चाहती नहीं लेकिन
कोई करने बैठे
मेरी व्याख्या सप्रसंग !

सारे सन्दर्भों के पार
मुश्किल से उड़ कर पहुँची हूँ,
ऐसे ही समझी-पढ़ी जाऊँ
जैसे तुकाराम का कोई
अधूरा अभंग !

मदन कश्यप

इनका जन्म 29 मई, 1954 को बिहार के वैशाली जिले में हुआ था। मदन कश्यप वर्तमान समय और समाज की प्रतिबद्ध हिन्दी कविता के अनन्य हस्ताक्षर हैं। जनान्दोलन की ताकत पर भरोसा रखने वाले कवि की कविताओं में दूरदर्शिता है। विचारधारा की साफ झलक के साथ ही समय की विद्रूपताओं की अमिट छाप भी है। उन्होंने नागरिक अधिकार और मानवाधिकार के सवालों को सामाजिक संवाद के लिए कविता में प्रस्तुत किया है। उनकी भाषा सामाजिक संवेदनाओं की सामाजिक गतिविधि है।

उनकी कविताओं में मध्यवर्गीय चेतना के सतत विकास के साथ अपने अनुभव संसार को भी विकसित किया है, विषय और अनुभव की विविधता है।

रचनाएँ—'लेकिन उदास है पृथ्वी' (1992), 'नीम रोशनी है' (2000), 'दूर तक चुपी' (2014), 'कुरुज' (2016), 'पनसोखा है इन्द्रधनुष' (2019)।

'भूख का कोरस'

मदन कश्यप संघर्ष के कवि हैं। यह संघर्ष इस कविता के रूप में दिखाई देता है। वर्तमान समय भूमण्डलीकरण, बाजारवाद तथा पूँजीवाद का है। इसमें मनुष्य का जीवन जानवरों से भी बदतर हो गया है। उसके हिस्से का खाना, सेहत और जीवन कहीं कोई निगल गया है। आम और भोला-भाला बन कर जीवन यापन करना बहुत कठिन हो गया है। एक ओर चीजों को हड़प कर पूँजी को हथिया लेने की हवस है, तो दूसरी ओर चीजों को पाने के लिए दिन-रात संघर्ष करते हैं। अमीरी-गरीबी की खाई बढ़ती जा रही है। भूख मिटाने के सारे रास्ते मिटा दिये गये हैं। जानवर तो भोजन करके शान्त हो जाता है लेकिन मनुष्य भूख को शान्त करने के बावजूद भी शिकार करने के लिए सदा ताकते रहते हैं जिसमें झूठ–फरेब जैसे भाव भी शामिल हैं।

भूख का कोरस

•

मदन कश्यप

जानवर होता
तो भूख को महसूस करते ही निकल पड़ता
पेट भरने की जुगत में
और किसी एक पल पहुँच जाता वहाँ
प्रकृति ने जहाँ रख छोड़ा होता मेरे लिए खाना

लेकिन आदमी हूँ भूखा
और पता नहीं कहाँ है मेरे हिस्से का खाना
आदमी हूँ बीमार
कहाँ है मेरे हिस्से की सेहत
आदमी हूँ लाचार
कहाँ है मेरे हिस्से का जीवन

कुछ भी तो तय नहीं है
बिना किसी नियम के चल रहा है जीवन का युद्ध

चालाकी करूँ
तो दूसरों के हिस्से का खाना भी खा सकता हूँ
पर बिना होशियारी के तो
अपना खाना पाना और बचाना भी सम्भव नहीं

पेट भरने के संघर्ष से जो शुरू हुई थी सभ्यता की यात्रा
कुछ लोगों के लिए वह बदल चुकी है—घर भरने की क्रूर हवस में
बढ़ रहा है बदहजमी की दवाओं का बाजार
और वंचितों की थालियों में कम होती जा रही हैं रोटियाँ

ऐसे में कहाँ जाये भूखा 'रामदास'
जो माँगना नहीं जानता और हार चुका है जीवन के सारे दाँव
ठण्डे और कठोर दरवाजों वाले बर्बर इमारतों के इस शहर में
भूख बढ़ती जा रही है सैलाब की तरह
और उसमें डूबते चले जा रहे हैं
भोजन पाने के लिए ज्ञात-अज्ञात रास्ते!

राजेश जोशी

इनका जन्म 18 जुलाई, 1946 को मध्य प्रदेश के नरसिंहगढ़ जिले में हुआ था। राजेश जोशी प्रगतिशील और जनवादी कवि हैं। उन्होंने अपने विचारों को कविताओं में जो ताना-बाना बुनकर प्रस्तुत किया है, वह सहज आत्मीय और सम्प्रेषणीय बना है। रूमानीयपन उनकी ताकत है। सामाजिक यथार्थ और स्वप्न का मेल-मिलाप कविता में कभी-कभी फैंटेसी के तल पर पहुँच गया है। उनकी कविताओं में कर्म और श्रम का सौन्दर्य है।

रचनाएँ—'एक दिन बोलेंगे पेड़' (1980), 'मिट्टी का चेहरा' (1985), 'नेपथ्य में हँसी' (1994), 'दो पंक्तियों के बीच' (2000), 'चाँद की वर्तिनी' (2006)।

'नेपथ्य में हँसी'

स्वतन्त्रता के पश्चात भारत में राजनीतिक विद्रूपता देखने को मिलती है। सत्ता लोलुपता, भ्रष्ट राजनीति, अत्याचार, अनाचार, अनैतिकता आदि से राजनीति ग्रस्त हो गयी है। इसका प्रभाव समाज पर भी दिखाई देता है। परिणामस्वरूप समानता, निराशा, मोहभंग आदि से घिर गया है।

हमारे नेता सामाजिक चिन्ताओं से कोसों दूर रहते हैं। वे हवाई यात्राएँ, समुद्री यात्राएँ करते हैं और नेपथ्य की हँसी को देखकर समाज की स्थिति का आकलन करने लगते हैं। प्रस्तुत कविता अनेक समस्याओं से घिरे इस समाज का मजाक उड़ाती हुई दिखाई देती है और सामाजिक विद्रूपताओं का आईना भी है।

नेपथ्य में हँसी

•

राजेश जोशी

इस डिब्बे में अभी प्रकट होगा
एक रंग-बिरंगा दृश्य
फिर आयेगा एक आदमी और एक औरत
या कुछ आदमी और कुछ औरतें
बीच में कोई कुत्ता भी

गुजर सकता है कान हिलाता हुआ
ये सब लोग मिल-जुलकर कुछ करेंगे
किसी भाषा को गलत ढंग से बोलेंगे
किसी जाति के उच्चारण का मजाक उड़ायेंगे
और तभी परदे के पीछे से गूँजेगी हँसी
इसमें हँसने की क्या बात थी?

तुम धुनते रहो अपना सर
परदे के पीछे से लेकिन बीच-बीच में
बजती रहेगी हँसी
कोई गुजरे हमारे आसमान से
कोई गुजरे हमारे बगल के समुद्र से, नदी से
लगेगा उसे
बाकी है, बाकी है अभी
हमारे घरों में हँसी

हमारी हँसी ठीक इसी समय
उम्मीद के सबसे कमजोर घोड़े पर सवार
कहीं अँधेरे में
टटोल रही होगी अपना रास्ता।

कात्यायनी

समकालीन कवयित्री कात्यायनी का जन्म 7 मई, 1959, को उत्तर प्रदेश के गोरखपुर जिले में हुआ था। ये हिन्दी कविता में स्त्री और स्त्री कविता के लिए सशक्त स्पेस बनाने वाली रचनाकार हैं। कविता में उन्होंने एक विशिष्ट स्त्री समाज सृजित किया है, जहाँ स्त्री के संघर्ष की दुनिया सुरक्षित है। उनकी कविता में जो सशक्त सैद्धान्तिकी है, वह पुरुष वर्चस्ववादी समाज के खिलाफ उनका हथियार है। 'करुणा की नदी में स्त्री' शीर्षक लेख में उन्होंने लिखा है कि प्रश्न यह है कि कवि ऐसी ही स्त्रियाँ क्यों चुनता है। स्त्री के सन्दर्भ में कवि को समाज की कुछ और घटनाएँ-परिघटनाएँ क्यों नहीं दिखाई देतीं? यह प्रवृत्ति किस तरफ संकेत करती है? दिल्ली, राजहरा या बम्बई या कानुपर या गाजियाबाद की हड़तालों में एकदम बराबरी से लड़ती हुई स्त्री, भूमि संघर्ष में मर्दों से भी अधिक हिम्मत का परिचय देती हुई स्त्री या फिर चौराहे पर कई शोहदों का अकेली मुकाबला करती लड़की, महँगाई के खिलाफ बेलन-जुलूस निकालती महानगर की औरतें या पुलिस थाने का घेराव करती गाँव की औरतें। ये सब कविता में प्रायः एकदम अनुपस्थित क्यों हैं? यह पूछने पर शायद कवि इस नादानी पर नाक-भौं सिकोड़ेगा और कहेगा कि 'आप कविता में नारी मुक्ति की नारेबाजी चाहती हैं या कविता की आत्मा को मारना चाहती हैं।'

नहीं मित्र, एकदम नहीं। यह केवल राजनीतिक विषय-वस्तु या बगावत की ही बात नहीं है। यह जीवन के प्रतिनिधि यथार्थ और उसकी अग्रगामी या विकासोन्मुख प्रवृत्तियों को काव्य में स्थान देने का सवाल है। जो हिन्दी कविता में है, वह भी जीवन का एक सच है, एक विद्रोही औरत भी जीवन का सच है, औरत का संघर्ष और पराजय भी जीवन का सच है और उसका प्रेम, मातृत्व, मैत्री आदि भी जीवन के सच हैं। इनमें से साहित्य में कौन ज्यादा है और कौन कम, इस बात से तय होगा कि कौन से यथार्थ प्रतिनिधि यथार्थ हैं और उनमें से कौन-कौन विकासोन्मुख हैं।

रचनाएँ—कविता संग्रह–'सात भाइयों के बीच चम्पा' (1994), 'इस पौरुषपूर्ण समय में', 'जादू नहीं कविता' (2002), 'फुटपाथ पर कुर्सी' (2009), 'चेहरे पर आँच' 'राख-अँधेरे की बारिश में', 'रात के सन्तरी की कविता', 'चाहत', 'कविता की जगह', 'आखेट' और 'कुहरे की दीवार खड़ी है'।

'किरणों के बीच भूमिगत'

यह कविता सदियों से स्त्रियों पर हो रहे अत्याचार की घोषणा मात्र नहीं है, बल्कि उपेक्षित इतिहास का सृजन भी है। इतिहास में जो असन्तोषजनक स्थिति है, उसकी अभिव्यक्ति ऐतिहासिक सन्दर्भों के आधार पर रेखांकित की है। वह सन्दर्भ कविता में निहित संघर्ष की व्याप्ति को और गहराई देता है। ऐसा प्रतीत होता है कि शताब्दियों का मौन गूँज और अनुगूँज में तब्दील हो गया है।

किरणों के बीच भूमिगत

•

कात्यायनी

शताब्दी की ढलान के इस अन्तिम छोर पर
दुर्वह गर्भभार सँभाले
चिन्ताओं और स्वप्नों को लिए साथ-साथ
सोचती है माँ
अपने अजन्मे शिशु के बारे में। नहीं है अनिश्चित
पर कठिन है जो निश्चित ही
ऐसे उसके भविष्य के बारे में
माँ सोचती है चिन्तापूर्वक।
वह गाती है और सोचती है।
थककर वह हाँफती है और सोचती है।
धौंकनी की तरह चलती हैं उसकी साँसें,
भीतर कहीं मच रही है
एक आत्मीय पीड़ादायी उथल-पुथल।
ढलान पर फिसलन से सचेत
माँ जो धारण करती रही है जीवन बार-बार
अपनी कोख के रहस्यमय अँधेरे में,
सोचती है वह अपने अजन्मे शिशु के भविष्य
के बारे में।
एक रण का रोर कहीं
राग बन रहा है
गीत कहीं ढल रहे हैं

जादू नहीं कविता
पौधे कहीं सयाने हो रहे हैं
वृक्ष बनने को मचल रहे हैं
माँ मुस्कुराती है,
हँसती है दुनिया की सबसे कठिन
और दुर्लभ हँसी।
श्रम के स्वेद-बिन्दुओं के खारेपन में
छलकती है सागर की आत्मा ममता बनकर।
सोचती है माँ
कंस के हाथों मारे गये शिशुओं के बारे में।
आत्मा को लहूलुहान करती स्मृतियाँ सँजोये
सोचती है माँ उन हाथों के बारे में
जिन्होंने निस्तब्ध रात्रि में काट दी थीं
जेल की सलाखें और
उसकी हथकड़ियाँ खोल कहीं
अँधेरे में ओझल हो गये थे।
बन्दीगृह से बाहर
पक्षियों के कलरव और
उन्मत्त पशुओं की आकुल गर्जनाओं के बीच
इस रहस्यमय वन में
निश्चिन्त माँ
थककर बैठी है
शताब्दी की ढलान के इस अन्तिम छोर पर
एक बूढ़े बरगद के तने से पीठ टिकाये।
महसूस करती है वह
स्तनों में उतरते दूध का दबाव,
अजन्मे शिशु की अंगड़ाइयाँ,
उसकी नन्ही मुट्ठियों का तनाव
और क्षण भर के लिए
बन्द कर लेती है अपनी आँखें।

कहाँ गयी?
आखिर गयी कहाँ वह औरत?
पहरेदारों को किसने बेहोश किया?
पूछते हैं बौखलाये हुए एक दूसरे से
अपने वजनी जिरहबख़्तरों के नीचे
बदबूदार पसीने से लथपथ हाँफते हुए
दुनिया के सबसे मारक और सबसे सुरक्षादायी
हथियारों से लदे-फँदे
शहंशाहों की परिषद के सभी सदस्य।
एक स्वर से चीखते हैं वे।
एक रहस्यमय मुस्कान लिए होठों पर
एकदम मौन जन-संकुल के बीच
सिर झुकाये भयाक्रान्त सिपहसालारों के
कन्धे झिंझोड़ते हैं वे—
खोजो उसे फिर से इफ्रेम के जंगलों में,
नील से लेकर दजला-फरात तक की घाटियों में,
खोजो उसे रोम के आसपास के गाँवों में
किसानों के घरों में ढूँढ़ो।
मध्य-पूर्व के अनन्त चमकते विस्तार में देखो
अमेजन के घने गहरे जंगलों में तलाशो
हिमालय की घाटियों-वन प्रान्तरों में,
उसकी सदानीरा नदियों के पुरबहार मैदानों में,
अफ्रीका के अँधेरे में
लातिनी विश्व के जादुई यथार्थ में,
वहाँ की बिन्दास ज़िन्दगी में,
माच्चू-पिच्चू से लेकर एंडीज की तलहटी तक में,
सब जगह ढूँढ़ो,
खोजो,
बिना पाये वापस न लौटो।
बड़ी चीमड़ है यह औरत।
ढूँढ़ो हरामजादो, उसे खोजो।

किताबों के सफों के बीच फैली दूरियों में—
एक-एक पन्ने देख डालो—कहीं
किसी मील के पत्थर से पीठ टिकाये
शायद बैठी हो विक्षिप्त-सी
अपने अतीत को याद करती
वह बेवकूफ औरत।
या शायद वह आगे कहीं निकल गयी हो,
उधर उस ढलान की तरफ देखो।
डरो मत बेवकूफो—
लगातार—निर्देश दिये जा रहे हैं परस्पर विरोधी
शहंशाहों की परिषद के सदस्य
एक-दूसरे पर क्रोध में दोषारोपण करते हुए
काँप रहे हैं बदहवास।
वे विराट भीड़ के चेहरे पर
रहस्यमय मुस्कान में
कुछ खोजने की कोशिश कर रहे हैं।
वे अपने थूथन उठाकर
हवा में हर दिशा से आ रही
गन्ध को सूँघने की
कोशिश कर रहे हैं।
वे लगातार
दुर्ग की बुर्जियों को मजबूत करने का
उन पर नयी-नयी तोपें चढ़ाने का
निर्देश दे रहे हैं।
शताब्दी की ढलती साँझ में वे
आने वाली रात की
रहस्यमय भयावहता के बारे में
लगातार सोच रहे हैं—
सुबह तो अभी दूर है,
वे आने वाली रात से ही डरे हुए हैं
जिसकी अँधेरी गोद

न जाने कितनी
रोशनी की किरणों का
पनाहगाह बनी हुई है
और वह औरत शायद
उन्हीं किरणों के बीच कहीं अन्तर्धान होकर छिप गयी है
—सोचते हैं
डरे हुए,
सभी शहंशाह,
सुल्तानों के सुल्तान!

मंगलेश डबराल

इनका जन्म 16 मई, 1948 को तत्कालीन उत्तर प्रदेश के टिहरी गढ़वाल (अब उत्तराखण्ड) में हुआ था। मंगलेश डबराल धूमिल की पीढ़ी के बाद के कवि हैं। उन्होंने जीवन के यथार्थ को अपनी कविता में संवेदनात्मक गहराई के साथ स्मृतिबिम्बों के माध्यम से अभिव्यक्त किया।

समाज के सभी तबके की जनता की पीड़ा से पर्वतीय शोभा तक की अभिव्यक्ति उनकी कविता में है। 'वापसी' और 'बचाना' उनकी कविता का बीज शब्द रहा है। मंगलेश डबराल किसी विचारधारा के कवि नहीं हैं। उन्होंने जीवन की कविता लिखी है। साहित्य अकादेमी पुरस्कार से पुरस्कृत एवं समकालीन कवियों में पहाड़ी कवि हैं मंगलेश डबराल। पहाड़ी क्षेत्र का जीवन अनुभव उनकी रचनाओं के माध्यम से अभिव्यक्त हुआ है। 1970 में प्रकाशित 'पहाड़ पर लालटेन' इसी प्रकार के पहाड़ी जीवन पर लिखी कविता है।

रचनाएँ—'पहाड़ पर लालटेन' (1981), 'घर का रास्ता' (1988), 'हम जो देखते हैं' (1995), 'आवाज भी एक जगह है' (2000) और 'नये युग में' (2013)।

इनकी मृत्यु 9 दिसम्बर, 2020 को हृदय गति रुकने से नयी दिल्ली में हुई।

'पहाड़ पर लालटेन'

'पहाड़ पर लालटेन' कविता पहाड़ी जंगलों में जीवन यापन करने वाले मनुष्य जीवन की व्यथा कथा है। उन्होंने पहाड़ी संस्कृति और पहाड़ी परिवेश में श्रमशील नारी छवि का अंकन किया है। जहाँ 'लालटेन' एक उम्मीद के रूप में ध्वनित हो रहा है। पूँजीवादी समाज की बढ़ती ताकत और प्रजातन्त्र की नकली योजनाओं के कारण आदिवासी पहाड़ी समाज अपने जंगलों में भी असुरक्षित होते जा रहे हैं।

जंगल काटे जा रहे हैं। पहाड़ी संस्कृति को भी प्रकृति के साथ-साथ नष्ट करने का षड्यन्त्र रचा जा रहा है। कवि मंगलेश डबराल इस कविता के माध्यम से पहाड़ी समाज में क्रान्ति की चिंगारी डालना चाहते हैं। वे लिखते हैं कि *'दूर एक लालटेन जलती है। पहाड़ पर एक तेज आँख की तरह'*। पहाड़ पर लालटेन होना संघर्षमय जन का प्रतीक है। जंगल से लगातार एक दहाड़ आ रही है और इच्छाएँ दाँत पैना कर रही हैं।

पहाड़ पर लालटेन

•

मंगलेश डबराल

जंगल में औरतें हैं
लकड़ियों के गट्ठर के नीचे बेहोश
जंगल में बच्चे हैं
असमय दफनाये जाते हुए
जंगल में नंगे पैर चलते बूढ़े हैं
डरते-खाँसते अन्त में गायब हो जाते हुए
जंगल में लगातार कुल्हाड़ियाँ चल रही हैं
जंगल में सोया है रक्त
धूप में तपती हुई चट्टानों के पीछे
वर्षों के आर्त्तनाद हैं
और थोड़ी-सी घास है बहुत प्राचीन
पानी में हिलती हुई
अगले मौसम के जबड़े तक पहुँचते पेड़
रातोरात नंगे होते हैं
सूई की नोक जैसे सन्नाटे में
जली हुई धरती करवट लेती है
और एक विशाल चक्के की तरह घूमता है आसमान
जिसे तुम्हारे पूर्वज लाये थे यहाँ तक
वह पहाड़ दुख की तरह टूटता आता है हर साल
सारे वर्ष सारी सदियाँ
बर्फ की तरह जमती जाती हैं निःस्वप्न आँखों में

तुम्हारी आत्मा में
चूल्हों के पास पारिवारिक अन्धकार में
बिखरे हैं तुम्हारे लाचार शब्द
अकाल में बटोरे गये दानों जैसे शब्द
दूर एक लालटेन जलती है पहाड़ पर
एक तेज आँख की तरह
टिमटिमाती धीरे-धीरे आग बनती हुई
देखो अपने गिरवी रखे हुए खेत
बिलखती स्त्रियों के उतारे गये गहने
देखो भूख से बाढ़ से महामारी से मरे हुए
सारे लोग उभर आये हैं चट्टानों से
दोनों हाथों से बेशुमार बर्फ झाड़कर
अपनी भूख को देखो
जो एक मुस्तैद पंजे में बदल रही है
जंगल से लगातार एक दहाड़ आ रही है
और इच्छाएँ दाँत पैने कर रही हैं
पत्थरों पर।

कुमार अम्बुज

सुपरिचित कवि कुमार अम्बुज का जन्म 13 अप्रैल 1957 को गुना, मध्य प्रदेश में हुआ। कुमार अम्बुज समकालीन समय के सजग कवि हैं। उन्होंने लिखा है, "मैं कविता क्यों लिख रहा हूँ? इस सवाल का कोई चमकदार उत्तर मेरे पास कभी नहीं है। सिवाय एक मधुमक्खी के होने का कोई अर्थ है और एक हज़ार आदमी के होने का कोई अर्थ और संघर्ष है, तो वही अर्थ मेरे कवि होने का भी माना जा सकता है। कवि को साहित्य की दुनिया में जाते हुए समुद्र की दुनिया के भीतर जाने का अहसास होता है। समुद्र ऊपरी सतह पर उफनता हुआ, पछाड़ खाता हुआ या अपनी लहरों के साथ विचरता हुआ शान्त और विस्तृत दिखता है, अपार और अन्तहीन। लेकिन यह समुद्र की सतह को देखता हुआ साहित्य की सतह पर ऐसा ही दिखता है।" कविता या साहित्य की रचना प्रक्रिया पर कवि की यह चिन्ता महत्त्वपूर्ण है। सामाजिक यथार्थ का खुला चित्रण उन्होंने किया है। समय की चुनौतियों को उन्होंने वाणी दी है। उनकी कविता की भाषा समकालीन समय की प्रतिध्वनि है। यह शिल्पगत विशिष्टता उनकी अपनी पहचान है।

प्रमुख रचनाएँ : चार काव्य संग्रह—'किवाड़', 'क्रूरता', 'अनन्तिम' और 'अतिक्रमण'; कहानियों का संकलन—'इच्छाएँ' है।

'बहुरूपिया'

वर्तमान समय और समाज की विसंगतियों को 'बहुरूपिया' में बड़ी सूक्ष्मता से उद्‌घाटित किया गया है। वैश्वीकरण ने मानवीय संवेदना पर गहरी चोट की है। इससे मानवीय सम्बन्धों में खाई आ गयी और जनसाधारण में असुरक्षा का भाव भी है। वे अस्तित्व और अस्मिता को स्थापित करने की विवशता तथा उससे उत्पन्न बेचैनी

में हैं। एक दूसरे के प्रति भयभीत हैं, उनमें आशंका है इसलिए मुखौटा पहनने के लिए जनता विवश हो जाती है। कविता में कवि ने वर्तमान सामाजिक परिस्थितियों, विडम्बनाओं और विसंगतियों पर व्यंग्य किया है। उन्हें भारतभूषण अग्रवाल पुरस्कार से सम्मानित भी किया गया है।

बहुरूपिया

●

कुमार अम्बुज

मैं एक बहुरूपिया रोज़ बदलता अपना रूप
धीरे-धीरे यही काम हो गया मेरा जीवन जिसका मैं रह गया दर्शक
कहीं धमकाता हुआ कहीं होता हुआ खुश
कहीं सिर झुकाकर देखता कालीन में धँसे अपने पाँव
फिर वापस लौटकर आता अपनी दयनीय भूमिका में
दूसरे ही पल करता स्वाँग बहादुर होने का
हास्यास्पद लगता हुआ पकड़ा जाता हर एक रूप में
फिर हँसता इस तरह मानो माँगता होऊँ अपने अभिनय का मेहनताना
सारे स्वाँग उतारकर सोता जब बिस्तर में
रह जातीं कुछ पर्तें चढ़ी हुई पीछा करतीं दूर तक सपनों में

मैं नींद में का एक अबोध बच्चा
हर सुबह फिर जागता बहुरूपिए की तरह
इतने रूप बदलता हुआ भूल चुका हूँ खुद को ही
एक के कंधे पर रखता हाथ धकियाता हुआ दूसरे को
हँसता हुआ अचानक होता क्रोधित
इतना बहुरूपिया कि ठीक तरह न बच्चे समझ पाते हैं न पत्नी
दोस्त घबराते कि रोते-रोते पता नहीं कब लग जाऊँ घिघियाने
मारता हुआ मुक्के खलनायक को
यकायक करने लगता अफ़सोस कि नहीं हो सका उस जैसा
इच्छा करता हुआ आत्महत्या की निकल पड़ता जीवन के रास्ते पर

इतना अविश्वसनीय कि खुद से ही लगता डर
फिर भी इतना विश्वासी कि अपने मन के साथ ही आया हूँ यहाँ
जहाँ बहुरूपिया हो जाना ही रोजी-रोटी है
हर बार जब लौटता थका हुआ
दरवाज़े पर ठिठका हुआ क्षण होता एक
फिर उनींदी गहरी साँस के साथ आती हुई एक फुसफुसाहट-
"अच्छा, तो यह तुम हो !"
मैं हज़ार रूपों के भार से दबा प्रवेश करता घर में
लड़खड़ाहट में उजागर करता हुआ मुखौटों का वज़न।

पवन करण

इनका जन्म 18 जून, 1964 को मध्य प्रदेश के ग्वालियर जिले में हुआ था। उनकी काव्य यात्रा बहुआयामी है। उन्होंने अपनी कविताओं के ज़रिये मानवीय संवेदना का विस्तार कर समाज के खोखलेपन का पर्दाफ़ाश किया है। आज की दुनिया को समझाने की राह दिखाई है तथा नयी विचार सरणियाँ सृजित कीं। स्त्री समाज के दुख–दर्द, संघर्ष और प्रतिरोध को आपने आत्मसात् किया है। उनकी स्त्री केन्द्रित कविताएँ इसका नतीजा है। उन्होंने स्त्री की निगाह से समाज को देखा-परखा है। धर्मान्धता, साम्प्रदायिकता, भ्रष्ट राजनीति का प्रतिरोध उनकी कविता का मुखर स्वर है। सम्प्रेषणीय भाषा से उन्होंने व्यवस्था का विरोध भी किया है।

रचनाएँ—'इस तरह मैं' 2000), 'स्त्री मेरे भीतर' (2004), 'अस्पताल के बाहर टेलीफोन' (2009), 'कहना नहीं आता' (2012) और 'कोट के बाजू पर बटन' (2013)।

'गुल्लक'

"'स्त्री मेरे भीतर' कविता संग्रह में शामिल 'गुल्लक' कविता ने पाठकों का ध्यान तीव्र आवेग से अपनी ओर खींचा। 'गुल्लक' कविता अपने पाठकों को संवेदना के निरन्तर बहते उस पारदर्शी जल के तल तक लेकर गयी जो किनारे से साफ दिखाई देता है। पाठकों का डबडबातीं आँखों, भरे हुए गले और लड़खड़ाती जुबान से इस कविता पर प्रतिक्रिया देने का सिलसिला आज भी जारी है। बचपन से चलकर, किशोरावस्था से होती हुई युवावस्था तक पहुँचती यह कविता हमारे भीतर उल्लास भरा स्मृति का तेज प्रकाश भर देती है। इसका लेखक होने के बावजूद मैं स्वयं इसे पढ़ते हुए एक पाठक की तरह भावुक हो जाता हूँ। जीवन जीने के उपकरण बदल गये मगर स्मृति और संवेदना की परम्परा निरन्तर स्वस्थ, सुखद और स्थायी है।

उसका रंग-रूप न बदला है और न बिगड़ा है।"—यह अपनी कविता गुल्लक पर कवि पवन करण की टिप्पणी है।

मध्यवर्ग में जन्मी बेटियाँ अपनी परिस्थिति के अनुकूल जीवन जीती हैं। अपने माता-पिता की लाड़ली होती हैं। उनकी भावनाओं को समझने वाली होती हैं। कविता में कवि ने बिछड़ने के दर्द का मार्मिक चित्रण किया है।

गुल्लक

●

पवन करण

बिटिया बड़े जतन से सिक्के जोड़ती
कान से सटाकर देखती बजाकर
गुल्लक में सिक्के खन-खन करते

पिता के सामने गुल्लक रखती
उसकी हथेली पर गुल्लक में भरने
एक सिक्का और रखते पिता
बिटिया जाती गुल्लक छुपाती माँ हँसती

बिटिया बड़ी हो चुकी, ब्याह हो चुका
जा चुकी अपने घर
कहाँ आ पाती है पिता के घर
चिट्ठियाँ आती हैं

जब कोई चिट्ठी उसकी आती है
घर में बसी उसकी यादें
गुल्लक में भरे सिक्कों-सी
खन-खन बजती हैं।

❑❑

वाणी प्रकाशन
वाणी प्रकाशन का लोगो मक़बूल फ़िदा हुसेन की कूची से
Vani Prakashan's signature motif is created by
Artist Maqbool Fida Husain

www.vaniprakashan.com

E-book Available

ISBN : 978-93-5518-505-1

9789355185051

आवरण : वाणी स्टूडियो

हमसे जुड़ें

vaniprakashangroup

VaniPrakashanBooks

Vani_Prakashan

Vani Prakashan Group